竹森満佐一の説教

信仰をぶつける言葉

加藤常昭

教文館

目次

第一部　竹森満佐一の生涯と説教

第二部　説教を読む

目次

装丁　桂川　潤

第一部　竹森満佐一の生涯と説教

学びの課題

日本のプロテスタント教会が、その歩みを始めてから、ほぼ一六〇年の歴史を経ています。依然として数的には日本社会における少数の集団を形成しているだけです。しかし、確かな、自分なりの歩みをしてきました。世界の諸教会と比較しても、顕著な独自の性格を持っています。神が与えてくださった境遇のなかで、自分たちなりのカリスマ（霊の賜物）に生かされてきた実りが実っているのです。

日本のプロテスタント教会のひとつの特質、それは歴史の最初から、日本人自身が日本語で説教をして伝道し、すぐれた説教の語り手を与えられてきたことです。もちろん、キリスト教会の宣教は、まず欧米から来てくれた宣教師たちが献身的に開拓してくれたものです。多くの処女地に神の言葉、福音の種を蒔く労苦を担ってくれたから、始められたのです。しかし、日本語を駆使して説教するということはやさしいことではありませんでした。すぐに宣教師とともに、日本語で福音を語る伝道者たちが、日本人のなかから与えられ、各地で説教をし、信徒が集まり、礼拝する集団を作りました。その共同体を、み言葉をもって養う羊飼いとなる人びと、日本人の牧師が与えられるようになりました。

日本のプロテスタント教会の歴史は礼拝の歴史、そこで語られた説教の歴史でありました。数え切れない説教者たちが与えられてきました。そのなかでも、今なおその語られた説教の言葉が残り、私どもに福音の言葉を聴く喜びを与えてくれる人びとが何人もおります。早くから説教集も刊行され、愛読されてきました。

ここで皆さんと一緒に、その言葉に耳を傾けようとする竹森満佐一牧師は、そのなかでも代表的な説教者です。力溢れる魅力に満ちて、み言葉を説き続けたひとです。私は、文字通り信仰の危機のただなかにあったとき、それまでは全く知らなかった、この説教者の言葉をたまたま聴き、魅せられ、その言葉を聴きつつ、信仰再生の道を歩みました。そこで、改めてここに、この説教者を紹介し、皆さんとともに、その言葉に耳を傾けたいと思います。改めてここで、この牧師の言葉を通して響き出す神の言葉に耳を傾け尽くしたいと思います。説教を聴く喜びを知りたいと思うのです。

われわれが抱くべき関心は、ただ説教の歴史のなかでの際立った一例に触れておくというだけに留まりません。ことは、今の日本の教会の説教に関わります。なぜかと言うと、現在の多くの説教が、魅力あり力あるものになっていません。日本のプロテスタント教会、なかでも日本キリスト教団の伝道は、例外もありますが、広く衰退しております。受洗者を生まず、礼拝出席者も減少しています。何としてでも、説教が力を得なければなりません。伝道力のある、説得力ある説教とならなければなりません。真実の福音から生まれる言葉の力を得なければなりません。竹森満佐一の言葉は、独自のものであり、そっくりそのまま語ることもできないし、その力を、そのまま継承することもできないかもしれません。しかし、多くのことを学び得ると思います。そして、それが、われわれ自身の説教再生にとって重要な意味を持っていると信じています。だから、まずそれぞれに耳を開き、こころを開いて、説教をする者も、説教を聴く者も、この説教者の言葉を聴き、このひとに学びたいと思います。

素描・竹森満佐一牧師の生涯

竹森満佐一牧師は、一九〇七（明治三九）年一〇月一八日、中国（旧満州）大連市において、父竹森九市と母政野の長男として生まれました。両親は日本基督教会大連西広場教会の会員で、特に母政野は熱心な信仰者であったと聞きました。一九一〇年、満佐一は、トマス・ウィン宣教師から幼児洗礼を受けています。ウィン宣教師は、アメリカの長老教会の宣教師です。日本基督教会を助け、その伝道に大きく貢献したひとです。まず石川県金沢市や関西で開拓伝道に励み、教会、学校を建設、めざましい伝道を展開したひとですが、一八九六年から大連で伝道を始め、大連教会の教会堂を献げたひとです。この頃、六〇歳に達しています。その後、竹森は、小学校時代を大連で過ごし、熱心に日曜学校に通いました。

一九一三年、のちに富士見町教会牧師となった三吉務牧師が大連西広場教会牧師に就任します。三八歳でした。一九二七年まで在任、それから富士見町教会牧師になりました。満州伝道に力を注ぎました。竹森牧師は、後に、説教者として感化を受けたひととして、日本の説教者としては、三吉牧師の名を挙げています。三吉牧師を「家の牧師」と呼んでいたそうです。家庭集会もしたのでしょう。牧師としてよく配慮をされたのでしょう。この三吉牧師から、説教とは聖書を説くことだと教えられたと、のちに語っています。説教は聖書的であるべきことを学んだのです。自分にとって説教を学んだひとと言えば、改革者カルヴァンしかいないが、日本の説教者としては三吉牧師を挙げることができると言ったのです。しかし、当時はまだ小学生であったはずです。その頃既に礼拝に出席し、説教を理解したのでしょうか。自分の家で、家族に聖書を説く牧師の言葉を理解したのでしょうか。いずれにせよ一〇歳前後のことですから、早熟であったのであろうかと思います。

一九一九年頃、住まいを奉天市（現瀋陽市）に移し、日本基督教会奉天教会（八幡町）に転入会しました。やがて奉天中学校に入学し、一九二二年、山口重太郎牧師のもとで信仰告白をしました。一五歳でした。

一九二五年、奉天中学校第二回生として卒業し、一九二六年、同地の満洲教育専門学校二期生文科二部に入学しました。そこでは、師範教育に併せて英語、ロシア語、ギリシア語などを学んでいます。外国語教育を重んじた学校であったようです。竹森は、のちに、外語専門大学のようなものでもあったのだよ、と言っています。また、当時、白系露人という呼称がありましたが、ソ連の革命により、ロシアの地を離れ、中国に移住してきた人びとが多くおりました。ユダヤ人が多かったようです。在留するドイツ人やフランス人もいました。それらの人びとからドイツ語やフランス語の個人教授を受けています。外国語を学ぶのに良い環境でしたし、本人も外国語を学ぶことがとても好きであったようです。

また奉天教会では山口牧師、後任の林三喜雄牧師から信仰指導を受けております。説教とは教理的なものだということは、この林牧師から学んだと語っています。林牧師は、のちに横浜指路教会の牧師となり、在任中に日本基督教団を離脱、新しい日本キリスト教会を建設した牧師のひとりです。この頃から教理の学びを真剣にし、それを教会員にも求めたのでしょうか。ここでも若い竹森満佐一が、よく説教を聴いていたようです。説教者であった林牧師とは恵まれた出会いをしたようです。一九二八年、肺結核により、休学となり、帰国して、ほぼ二年間、近江のサナトリウムで療養生活を送りました。さいわいに結核は治りましたが、そのためか、その後も、よく発熱、療養することがありました。この治療の間に、林牧師から勧められて、スコットランドの神学者ジェームス・デニーの『キリストの死』を読みました。二度も読んだそうです。この感動から、神学の道へ進むことを決心したと言われます。何気ない表現ですが、この書物、この神学者との出会いが、伝道者になる道を拓いたのです。デニーには、大きな感化を受けたようです。私にも、このデニーの書物を読むことを勧めてくれました。ちなみに、のちに神学校に入学してから、在学中にデニーの著書はすべて読んだそうです。一九三一年三月、ようやく専門学校を第五期生として卒業しましたが、その後もなおしばらく静養を強いられました。

成長期を、このように、当時、しばらく独立国とされましたが、実質的には日本の植民地であった満州の地で過ごしたことは大きな意味を持ったと思います。日本内地で育ったならば、おそらく官学育ちになったかもしれませんが、当時の満州で考えられる限りの教育を受けました。特に重要なのは、恵まれた才能と環境により、多くの外国語を体得したことです。英語、ドイツ語、フランス語、ロシア語、それに中国語も読むだけでなく、通訳をすることができるほどでした。神学校に入ったときには、フランス語とロシア語の通訳の免状を得ていたと聞きました。古典語も、ヘブライ語、ギリシア語、ラテン語を習得しています。外国語習得には、独特の才能がありました。興味もありました。竹森トヨ夫人から、こんな話を聞きました。夫婦の間で、ちょっと気まずい思いをすることもあるそうです。そうなると満佐一牧師も気まずくなり、黙ってしまう。そしてヘブライ語を読むそうです。そうすると機嫌が治るそうです。「私だったら、ヘブライ語を読まなければならなくなったら、痛くなかった歯まで痛み始めますよね」と私は答えましたが。

外国語に堪能なひとは、結構たくさんいます。しかし、その言葉の能力を用い尽くして学ぶということは全く別のことです。竹森満佐一は、その力を用いてよく読書し、静養中にも、その閑暇を生かし、よく学び、哲学、文学にも親しみ、得難い教養を早く身に付けています。当時は、肺結核は、多くの若者の肉体を蝕む、恐れられた病でした。すぐれた才能に恵まれた人びとが若くして世を去りました。竹森青年の病状がどうであったか、よく知りませんが、厳しい闘病生活であったと思います。学業も休んでひたすら肉体を養うばかりのとき、こころを豊かにする学びを深めたのです。そしてまた終生、よく読みました。外国語を深く読みこなす力があったのです。ある外交官から聞きました。英国勤務のとき、晩年の竹森牧師が来られ、私宅に滞在したそうです。そのとき、英国の週刊誌「タイムズ」を読みふけっている竹森牧師を見て感服したそうです。水準の高い知性人のための週刊誌だったからです。私も何気ない対話で気づきました。ヘーゲルもゲーテもドイツ語で読みこなしているひとだということを。ドイツ語で一緒に歌ったこともあります。私は、竹森満佐一は、近代日本の代表的な教養人であったと言えると思っています。今は〈教養〉という言葉はあまり用いられません。しかし、牧師であるためにも、それなりの教養は不可欠です。竹森満佐一牧師には、文化的素養が豊かに備わっていたのです。教養というのは、多くのことを知っているということではありません。道徳的センス・文化的センスを備え、人間そのものが、それを体得し、存在化することです。もしもその道が与えられていたら、すぐれたエッセイストになったと思います。エッセイが書けるということは、ほんものの教養なくしては不可能なのです。

しかし、それよりも大切なのは、当時意気盛んな満州経営に応じて、大陸に進出し、在留日本人の間に伝道した日本基督教会のなかで生まれ、育ったことです。当時のいわゆる〈日基〉の空気を、若いときに十分に吸って育ったのです。他教派の教会の経験はありません。日本で育った長老教会において純粋培養されたように育ったのです。当時多くの日本基督教会の牧師が学んだスコットランド的なカルヴィニズムを体得していったとも言えます。これは、のちの世代には、あまり見られなくなったものです。のちに日本基督教団に合同します。しかし、吉祥寺教会牧師と神学教師の務めに専心し、教団の仕事をすることはありませんでした。それよりも、教団のなかで、日本基督教会の伝統を大切にしようとし、そのための組織づくりに力を注ぎました。

一九三三年、日本神学校に入学します。校長はすぐれた説教者高倉徳太郎でした。しかし、翌年急逝した高倉牧師から神学教育を直接に受けることは、あまりありませんでした。高倉牧師を評価していましたが、冷静に関わっていたように思います。スコットランド神学に傾倒するとともに、台頭してきていたカール・バルトにも心を動かされています。一九三六年に卒業。卒業論文は「アウグスティヌスの内的発展」でした。竹森の内面を示す主題であると思います。在学中には、新しく生まれたばかりの蒲田御園教会において栗原久雄牧師の指導を受けています。栗原牧師は、当時、五〇歳代、日本基督教会の指導的な位置にあるひとでした。竹森牧師の回想によるとユニオン神学校に留学した栗原牧師は「篤学の士」であり、贖罪論やキリスト論の読み方を教わったそうです。またニューヨークでは毎晩のようにメトロポリタン・オペラに通ったそうで、竹森も、この牧師からオペラについて多く学んだそうです。竹森青年も好奇心旺盛であったのです。
また夏期伝道実習のために多田素牧師が在任し、当時富士見町教会と並ぶ教勢であった高知教会に赴いています。特に副牧師であった田中剛二牧師に教えられることが多かったそうです。田中牧師は、その後神戸神港教会の牧師となり、講解説教に専念し、講解説教者の双璧として「東の竹森、西の田中」と呼ばれるようになりました。そのふたりが、ここで出会っているのは興味深いことです。

神学校卒業後、日本基督教会白金教会副牧師となり、後に同教会牧師となっております。卒業した年一九三六年一一月、二九歳で、神学校同窓であった山本トヨと結婚、後年、長男牧夫、長女ミカが授けられましたが、牧夫は夭折し、その悲しみはいつまでも残ったようです。竹森説教の形成には、トヨ夫人の存在もいろいろな意味で大きな意味を持っていたと推測できますが、これは推測の域を出ることはできません。

一九三八年、『カルヴィン説教集』を翻訳、刊行しました。三〇歳代に入ったばかりのときの訳業です。病む長男の枕頭における仕事でした。これは敗戦後、一九五二年にも第三版（新教出版社）を刊行しました。もちろんフランス語からの翻訳ですが、端正な言葉遣いで、しかも迫力があり、高く評価されました。何よりも竹森自身の説教者として大きな意味を持つ体験となりました。同書に付したカルヴァンの説教を論じたあとがきに、カルヴァンに学びつつ体得していった竹森牧師自身の説教理解がよく現れております。

一九三九年に『満洲基督教史話』を刊行しました。これは、スコットランド、アイルランドの宣教師たちが、旧満州の中国人に対して行った伝道を紹介したもので、神学校在学中に日本基督教会の週刊誌「福音週報」に連載したものをまとめたものです。同年、共立女子神学校講師となり、新約聖書と教会史を教えました。一九四一年、信濃町教会の伝道所として出発した日本基督教会吉祥寺教会の牧師として就任しました。この頃、同じ神学校で教える熊野義孝牧師と親しくなり、自分より八歳年長であった、この有数の神学者と神学的対話を楽しみ、共に歩むようになりました。

吉祥寺教会牧師となったのは三三歳の時でした。前任者は石島三郎牧師でした。当時、教会は分裂状態になり、石島牧師は一部の教会員と、創設したばかりの三鷹伝道所に移っておりました。のちの三鷹教会です。晩年、竹森満佐一が、東京神学大学で、自分の牧会について語ったことがありますが、教会員との交わりを楽しんだ石島牧師のような牧師にはなるまいと思い続けたようで、その意味で、反面教師であったようです。同年、教会は、日本基督教団が結成され、同教団の吉祥寺教会となりました。礼拝出席者三〇名台の教会でした。教会の説教に専心し、神学研究に励むとともに、太平洋戦争中は、熊野義孝を中心として数名の牧師たちと共に東京基督教研究所を作り、講演会を開催したり、共同で研究を重ね、基本信条の翻訳を発表したりしています。これが後の連合長老会を生む教会的・神学的な運動となったと竹森牧師は説明しています。研究所は奉天教会員の中川栄五郎（材木商）が篤志をもって支えたということです。

敗戦後、一九四六年から二年間、女子の神学校の合同に伴い、日本基督教女子神学専門学校講師となり、更に同校が併合されたのに伴い、一九四八年、日本基督教神学専門学校の講師、翌年、同校が東京神学大学となったので、同大学助教授に就任、当初は教会史を担当しました。私は、同校が富士見町教会であったか、信濃町教会であったかで、公開講演会を開いたとき、竹森満佐一助教授の「リッチュルにおける神の国」という講演を聴いたことがあります。竹森牧師の言葉を聴いた最初ですが、内容についてはあまり記憶がありません。むしろ、同じときに、ルターを語った熊野教授の言葉に感銘を受けました。たとえば、「キリスト者の自由とは、神の言葉を聴いて歩むことである」などという発言は、今も明瞭に記憶しております。竹森は、神学を学び始めたときから新約聖書専攻であったわけではありません。これもこころに留めるべきことであると思います。一九四九年九月から一年、ニューヨークのユニオン神学大学大学院に留学、新約聖書学を専攻、帰国してから聖書学担当となりました。このとき、プリンストン神学校で学ぶ選択肢もあったようですが、敢えて、より批判的な聖書学を教えるユニオンで学ぶことにしたそうです。まだ船で渡米した頃のことです。一九五一年、教授に昇格。教授は牧師を兼職できないという規定が作られ、吉祥寺教会はトヨ牧師が主任担任教師となりました。しかし、実質的には満佐一牧師が主任であり続けました。教会の伝道は順調に進展、敗戦後三年で現住陪餐会員九一名、礼拝出席者八三名に達しています。

教会学校生徒は二〇〇名を超え、一九四七年には二部制にしたそうです。私が吉祥寺教会に出席していたのは、一九五〇年からのほぼ六年間でしたが、その頃、礼拝出席者が一〇〇名を超えるようになりました。教会学校出席生徒は、もうそれほど多くはありませんでしたが、小学生たちと中・高生とふたつに分かれて礼拝をしておりました。出席者が増えるに従い、教会堂の増改築を繰り返しました。小さな礼拝堂で座りきれず、壁にそって立つ出席者も出るようになりました。教会総会で、教勢報告があり、東京女子大学教授であった早坂禮吾長老がグラフを示し、礼拝出席者一〇〇名のところに赤線が引かれ、それを超えたと、うれしそうに報告したことをよく覚えています。ついでに言えば、竹森牧師逝去の頃には、それぞれ教会員数三五八名、礼拝出席者数一五九名となっています。

一九五七年、一九八九年と、二度にわたって教会堂が新しく献げられています。竹森牧師から洗礼を受けた教会員で伝道者になった人びとも何人もおりました。また、他教会出身の東京神学大学学生もずいぶん多く吉祥寺教会の集会に出席しています。学校が教会所在地に近かったのも、そのひとつの理由でしょう。私よりも少しあとに、学生時代に吉祥寺教会で教会生活を始め、長く吉祥寺教会に関わった松永希久夫牧師は、竹森牧師の在任期間第一期を、敗戦後から、ほぼ一九五五年までとしています。牧師夫妻もまだ若く、神学生とも親しく語り合いつつ指導した時代だとします。それに対して、第二期は、教会堂献堂を境とし、牧師の権威が確立され、礼拝が整えられ、神学生との交わりもなくなった時代としています。砕けて言えば、〈ワンマン〉として君臨するようになったと言うのでしょう。松永自身も、この第二期のひとであり、私は、第一期に属する神学生であったと見ています。私が生きていた時代を知らず、その後の時代を親しく知るひとです。松永は、第三期は、一九六九年の大学紛争後としており、竹森牧師も円熟期に入り、神学生にも改めて柔和に接するようになったそうです。

余計なことかもしれませんが、一九六五年度に礼拝出席平均一八〇名に達しています。それまでは、毎年伸びています。しかし、その後は、減少します。松永の言う第三期に入る頃です。晩年は一四〇名前後で停滞しています。これをどのように考えたらよいのかと思います。とにかく、いわゆる〈大教会〉にはならなかったということは言えるでしょう。

一九六八年三月から一年間、米国ウェスタン神学大学、ドイツのハイデルベルク大学両大学の客員教授として招かれ、夫妻で、欧米生活を十分楽しみました。一九七三年、東京神学大学学長に選ばれ、一九七九年、定年で退職し、その後は牧師職に専念しました。一九八二年一月一九日、竹森トヨ牧師が癌のために地上の生涯を終えました。その後、独りで教会堂内の牧師住宅で生活しています。そして、一九九〇年六月一〇日の礼拝司式・説教が最後となり、結腸癌のため同年一一月九日地上の生涯を終えました。遺骨は八王子上川霊園吉祥寺教会墓地に埋葬されています。八三歳でした。

竹森満佐一の説教に関わる著書

竹森満佐一牧師の説教を学ぶために参照していただきたい書物に以下のものがあります。竹森満佐一牧師が発表した論文、著作は、かなりの数にのぼります。説教を理解するためには、それらの文章にもできるだけ多く目を通すといいと思いますが、ここでは、説教そのものに関するものだけを挙げます。

(1)まず、著書のうち、説教集です。刊行順に挙げます。

- **『ローマ書講解説教』**（全三巻、新教出版社、一九六二―七二年）

最初の連続講解説教集です。実際の説教は、一九五四年から始められたと思います。この頃から、最初は、オープンリールテープを用いてですが、説教の録音が始められました。

- **『わが主よ、わが神よ――イエス伝講解説教集』**（上下巻、ヨルダン社、一九七四年）

ヨルダン社で刊行していた現代説教選書の企画で出版されました。主イエスのご生涯を、聖書テキストを講解しつつ物語ったものです。先の『ローマ書講解説教』と並んで、日本の代表的説教集となったと思っております。一九七七年に合本になった新装版が出版されています。

・『ダビデ――悔いくずおれし者』（日本キリスト教団出版局、一九七五年）
竹森牧師は聖書が語る人物の説教をすることが好きだったと思います。特にダビデは愛すべき人物だったようで、この説教集は、そのダビデに関するものです。味わいのある説教を読むことができます。
・『講解説教　ペテロの第一の手紙』（新教出版社、一九八三年）
・『講解説教　コリント人への第二の手紙』（新教出版社、一九八五年）
・『講解説教　エペソ人への手紙』（新教出版社、一九八八年）
・『講解説教　コリント人への第一の手紙』（新教出版社、一九八八年）
・『講解説教　山上の説教』（新教出版社、一九九〇年）
・『講解説教　ピリピ人への手紙』（上下巻、日本キリスト教団出版局、一九九〇年）
以下は逝去後、残された原稿を編集したものです。
・『講解説教　ガラテヤの信徒への手紙』（新教出版社、一九九一年）
・『講解説教　降誕・復活』（新教出版社、一九九二年）
(2)なお竹森満佐一の説教を学ぶために、以下の出版物を参照してくださるとよいでしょう。
・『日本の説教14　竹森満佐一』（解説・船本弘毅、日本キリスト教団出版局、二〇〇四年）

・『CDで聴く日本の説教　竹森満佐一』（監修・加藤常昭、日本キリスト教団出版局、二〇一一年）

ついでに言いますが、吉祥寺教会が一九九九年に刊行した『吉祥寺教会の歩み』は、実質的には竹森満佐一・トヨ夫妻の伝道・説教について書かれた文集、記録となりました。竹森満佐一を総括的に考察するには不可欠の文献となりました。付録に、竹森教授の東京神学大学最終講義が再録されています。「教会と神学」と題するものですが、これはわれわれの観点からも貴重な資料だと思います。

竹森満佐一の説教理解

説教を読み始める前に予備的に学んでおきたいことがあります。竹森牧師が、説教をどのように理解していたかということです。竹森牧師に、書物となった説教学的な叙述はありませんが、あるべき説教を語ることは多かったのです。

⑴松永希久夫は、前記の『吉祥寺教会の歩み』のなかに「神学教育者としての竹森満佐一牧師」と題して書いています。先に紹介した松永教授の文章も、そこで書かれていたものです。そのなかで、説教者としての側面についても詳述しています（一三七ページ以下）。そこでまず強調してい

るのは、聖書を神の言葉として語ることに集中したということです。「巧みな弁論や、適切な例話、信仰の先達や自身の体験を語ることによって、知らず知らずのうちに、そして本人の意図に反して、そうした材料のみが聴衆の耳に残ったり、結局は説教者の知識や経験が賞揚され、自己宣伝の辞と受け取られてしまう。神に栄光が帰せられないで、説教者に栄光が与えられる。あるいは神と両者に栄光が帰せられる。それは神のみを神とすることとは異なるのである」。「この点については、竹森夫妻とも頗る厳格であった」。「竹森がカルヴァンに学んだのは、そのようにして、神の言葉とこれを聴く者の魂との間で、説教者自身が邪魔になってはならないということであった」。

この関連で興味があるのは、トヨ夫人に、自分の説教を批判されたことを語る満佐一牧師の言葉が紹介されていることです。「私の説教については、批判めいたことは申しませんでした。ただ一度、まだ若い頃に、私が恵みを語ることが少ない、と何かのはずみに言ったことがありました。それは、私の説教にとっては、大きな転機となりました。それまでの私は、はなやかに人間を語ったり、神の厳しさを語ることが多かったらしいのです。しかも、そんなことは、ひと言も言わずに、恵みを語ることが少ない、と小さな声で言われたことは、一番、わたしにはこたえました」。

これらの文章が思い起こさせるのは、私が東京神学大学で教え始めた頃、竹森牧師とお茶を飲んでいた時の対話です。私はこう言いました。「私が説教を聴き続けていた頃、先生の説教はイメージ豊かでしたね」。答えはこうでした。「どうもありがとう。たいへんなコンプリメント（褒め言葉）だね。しかし、少しはなやかだったかな」。

私が説教を聴き続けた頃、それは四〇歳代の竹森牧師でした。「若い頃」と言えるのでしょうか。その頃、既に説教題を掲げることはありませんでした。しかし、連続講解説教ではありませんでした。毎週聖書テキストはめまぐるしく変わりました。一度だけ、ペテロ前書を連続して説いたことが例外であったぐらいです。「特殊な形での講解説教」をしたいと断ったうえでのことでした。毎週、説かれる聖書の言葉が変わるので、今度は、どのみ言葉が説かれるかを楽しみにしました。旧約聖書を語ったことも多かったと思います。預言者エリヤを語ったときの厳粛な口調など、今なお耳に残っております。おそらく、教会の状況、時代の状況のなかで、説教者が聖書の言葉を聴き続け、自分の決断で、説くべき聖書の言葉を与えられていたのでしょう。いわゆる例話、逸話も多かったと思います。ある英国の神学者が路傍伝道をしている救世軍士官の言葉を聴いていた。救世軍の女性兵士がチラシを配りながら近づいてきて尋ねた。「あなた、救われていますか？」。「そのつもりだが」と答えると、すぐに言われた。「あら、その顔で！」。苦虫をかみつぶしたかのような英国人神学者の顔を思い浮かべながら、私たちは笑って聴きました。これを枕にフィリピの信徒への手紙第四章四節以下の説教をしたのです。説教のなかで、こういう話をするのが好きな説教者であったし、聴く者もそれを楽しみにしました。こういうのをはなやかな説教と言うのでしょうか。

私の妻さゆりは、自分たちが聴いていた頃が、竹森牧師の説教の「黄金時代」であったとよく言いました。はたして、それほど派手だったのであろうか。はなやかであったのであろうか。それだけ恵みを語ることが少なかったのであろうか。これは私のひそかな問いです。

私たちが吉祥寺教会を去るほぼ一年半前に、のちに書物となったローマ書講解説教が行われるようになり、これが転機となり、連続講解説教が、その後の説教の主流を占めるようになりました。しかし、その後も、説教集『わが主よ、わが神よ』として刊行されるようになった、イエス伝講解説教をしています。これは連続講解説教ではなくて、主イエスのご生涯のなかでの重要な出来事を、聖書テキスト、それも短いテキストを手掛かりに主題説教ふうに展開したものです。英語で言えば textual sermon、日本語では即テキスト説教、あるいは聖句説教と呼ばれるものに近いのです。これらは、いわば竹森満佐一の説教が、最もいきいきとしていたときのものです。それ以前の説教は、残念ながら録音もないし、書物になってもいません。ただ、当時の聴き手たちが残したメモがあるくらいです。しかし、黄金時代の頂点を示す、この二冊は、その「はなやかさ」もきちんと見せています。私は、この「はなやかさ」も大切だと思っているのです。

⑵すぐれた説教者であった渡辺善太には、『聖書的説教とは』という興味深い説教論があります。竹森牧師にはそういう類の説教論はありません。説教について語っている文章で、代表的なものは『カルヴィン説教集』の「あとがき」です。しかし、それ以外にも説教について書いている言葉は、いろいろあります。何度も刊行された講解説教集の「あとがき」も、短いものでありますが、説教

者の説教に対する見解、態度を垣間見せて興味深いものです。

一九八八年、つまり最晩年に刊行した『講解説教　コリント人への第一の手紙』の「あとがき」(一九八七年執筆)に、こんな文章があります。「講解説教をするようになったのは、五〇年前にカルヴァンの説教を翻訳して、それに教えられたからでした。しかし、今度またカルヴァンの説教を読んでみて、カルヴァンとは大分ちがうことに気がつきました。内容が教理的、信仰告白的であることは似ていますが、カルヴァンは、聖書本文の区切りも全く自由ですし、内容も、必ずしも本文にとらわれていないように見えますが、わたしの方は講解的であろうとしています。あえていえば、自分の型ができたのかと思います」。ここで言う、講解説教の自分なりの型ができたのは、いつのことなのでしょうか。われわれが特に関心を注ぐ一九六〇年頃までの説教は、まだ型ができていなかったのか、と思います。しかし、私は、完成度は、すでにとても高かったと思っております。

ところで、訳書『カルヴィン説教集』は、前期の松永の論文によれば、訳者の序文が付されていたそうで、それを引用しています。そして戦後一九五二年に第二版を刊行したとき、改めて「解説」を書いています。それは以前の序文を簡潔に書き直したものであると松永は言います。しかし、解説としてはかなり長文で、松永が紹介しているかつての序文とはかなり内容が異なります。

ただ、私は、あの太平洋戦争に突入していった異常な時代に、カルヴァンの言葉を、三〇歳を超えつつあったばかりの若い説教者が、翻訳していたということ自体が大きいことであったと思います。それは一種の写経に似たような行為であったろうとさえ思います。私は、個人的に、竹森牧師から、カルヴァンのフランス語の文体、語調とも言うべきものの手触りを聞かされたことがあります。きわめて論理的であり、しかもいきいきとしたものであったと言います。法律を勉強したひとだからね、と言うのです。とにかく上記の「あとがき」は、説教者として盛んに力を発揮しながら、丁寧に海外の文献に当たりつつ、カルヴァンの説教を語り、同時に、当時の自分の説教理解を語っているのです。

第一に強調するのは、カルヴァンの説教には、いわゆる名説教のはなやかさ、美しさはなかったということです。ルターの説教のように豊かな想像力に訴えるものではなかったと言うのです。心情に訴え、感動させるというようなものではなく、「自分の信仰を人に強いようとするものであった」というカトリック説教者の批評を肯定的に引用しています。カルヴァンの努力は、神の言葉以外の魅力を一切捨てることに集中しました。「いかにすれば、このみ言葉が純粋に人びとのこころの中に働くかということが彼の最大の課題であった」。そのために自分について語ることもなかった。いや、自己を語ることもあった。しかし、自己を語るときには、それによって神の栄光を現すためであり、それはパウロが自己を語り出すときと同じことであったと言います。

第二に、その上で竹森は言います。だがカルヴァンは「フランス語の父」と呼ばれる。人間の栄誉を求めようとしなかったということは、あえて醜悪な言葉を語ったということではない。「簡素な筆致、明快なる論理、清楚なる文章、実際的なる筆の運び、うちに蔵されし堅き圧倒的な権威、そしてその高貴なる精神」など数えきたって、われわれはその文章の美しさに驚かざる得なくなる、と言います。同じ改革者のルターが「ドイツ語の父」と呼び得る存在であったことを考えると興味深いことです。

第三に、カルヴァンの説教はきわめて論理的であり、それはみ言葉をもってみ言葉を証明しようとしたためであり、その論理は「信仰の論理」と呼ばれる。カルヴァンの説教を読むと「み言葉の深海へ、深海へと連れ行かれるのを覚える」と書いています。まさに竹森牧師の説教がそうであったと思います。

第四に、カルヴァンの説教の特徴として〈毒舌〉を数えています。これは意表を突く指摘です。カルヴァンの説教はひとを傷つけるという評価があったそうです。ただ一篇の説教を読んでも必ず毒舌に出会う。それは、当時カトリックとの戦いのさなかにあり、カトリックの悪罵に対抗するためであったろうが、それだけに留まらない。カトリック教会の強大な勢力から脱出した「信仰弱き多くの人びとを養いつつあった『牧師』カルヴィンの苦労は我々の想像以上であった」。み言葉をもって人びとを養う唯一の道であった説教において、福音を損なう者に対して、人びとの「魂を思う熱心、そしてみ言葉に対する真実さ」がカルヴァンを駆り立て、毒舌に赴かしめたと考えるべきなのである。竹森牧師は、カルヴァンの毒舌を、そのように理解します。

第五に、カトリックの感化が強く、プロテスタントの信徒なのに、なお「アヴェ・マリア」を唱えたり、主の祈りを教えても依然として祈りの魔術的効果を期待するような人びとに対し、カルヴァンは説教を中心とする教会に生きることを教えた。礼拝そのものが〈説教〉と呼ばれたことがある。説教が、それまでのミサに代わるものとなるべきであるとカルヴァンは考えたと竹森は指摘します。厳密には、〈説教〉〈公の祈禱〉〈聖礼典〉が、礼拝を礼拝たらしめるものとされました。この礼拝を中心に、新しい教会を形成、組織する。それが説教の課題となる。そこで説教が〈知的〉で、〈教育的〉なものとなる。信徒は、カルヴァンが言うところによれば、「神の学校において教えられる」というのです。そのために〈教師〉の職務を表す意味でガウンを着続けました。今日、多くの牧師がガウンを着るようになりましたが、それが儀式用の制服、つまり祭服として理解され、時には飾りのついた目立つものを着るようになったのとは違います。

ちなみに、いつであったか、私だけ礼拝後に礼拝堂背後にある三畳間に呼ばれたことがあります。そこには黒いガウンが掛けられており、これを着ることにした、と竹森牧師に言われました。なんの飾りもない簡素な、黒い色だけのガウンでした。カルヴァンに倣い、教師のガウンを着るのだという説明でした。竹森牧師は、それまでは、ひとつの旧日本基教会の伝統であったか、モーニングを着用して説教していたのです。それより地味な服装になりました。

カルヴァンは、自分の説教を出版することを断ったそうです。その理由は、自分の説教は自分の会衆のためのものであるということでした。説教は牧会に根ざすということでもありました。その説教の言葉は、民衆に理解される平易なものでした。会衆と遊離せず、「教理を教え、戒告し、奨励し、叱責する」言葉でした。カルヴァンは、説教はふたつの声を持つべきだと言ったそうです。励まし、正しく導く優しい声と、〈盗賊〉を追い払う厳しい声です。

第六に、竹森が特にこころを込めた文章であると思われるものがあります。こういうカルヴァンの言葉を引用しているのです。「我らの主は、私がここで人に見られるために座っていることを望んでい給うのでしょうか。否、そうではなく、彼は、私が人びとを御許に導き服従せしめる喇叭《ラッパ》となり、しかも私もその一人となることを望んでい給うのであります」。ここにカルヴァンの牧者、説教者としての姿が鮮やかに見えてきます。これを引用しながら、まだ若かった竹森牧師の自己理解を語っています。私自身のこころも深く動きます。「我々はみ言葉に対する説教者の位置を正しく見出さねば、この間の消息を理解することは困難である」と竹森は書いています。

第七に、最後に聖書理解について興味ある事柄を強調したいと思います。「聖書が神の言葉であるのは、その背後にこの文字を声に変え給う人格なる神がい給うからである」。人格なる神が〈言葉〉（Schrift というドイツ語を用いています）を〈語られる言葉〉（Rede）に変えてくださるのです。われわれは、こういう言葉を読むと、メラー教授などを通じて、ルターが〈生きた福音の言葉〉を強調したのを学んだことを思い起こします。カルヴァンは、このような意味で聖霊の働きを強調します。聖霊によって「この『文』が我々に対して人格的なる『言』へと変えられねばならないのである」（竹森）。み言葉を聴くということは、個々の文字に固執して神中心の世界観的知識を吸収することではなくて、み言葉によって神と対面し、キリストと相見えることであると確言します。第二スイス信条の「神の言葉（聖書）の説教が神の言葉である」というテーゼを思い起こします。個々の文字に対する「カルヴァンの敬虔」がここに生まれる、と竹森は言います。み言葉の本質とは、この惨めな世界が救われるように、福音の声を呼び戻すことにある、われわれを神に引き寄せることにある、というカルヴァンの言葉が引用されます。ロプシュタインの言葉で言えば「聖書は目的ではなく手段である。イエス・キリストの証をなすものであるが、キリストに代わるものではない」。ミュールハウプトの言葉で言えば、神の能力は魔術的なものではなく、神のわれわれに対する人格的な関係において初めて正しく捉え得るのである。そのように竹森も考えるのです。

ここから生まれる説教についてカルヴァンが求める言葉が紹介されます。「二つのことが必要である。即ち信者の救いに必要なることについての正しい健全な知識を与えることと更に、それと同時に、その教えが人々の心に活き活きと（au vif）触れるように勢いを付け加えねばならない」。「もしも聖書の解釈しかしないとすれば、我々に少しも活き活きと触れてはこない」。このような意味で、説教のいのち、説教がいきいきとしていることを求めるのです。

このような観点で、いわゆる〈解釈〉と〈適用〉の問題が論じられます。カルヴァンの説教は、実践的に語られた。実際的であった。フランス語で言えば pratique である。これを竹森は、実用的などと言うのではないが、その説教はいきいきと聴く者に迫り、神に対する決断的行為を促す意味で〈行為的〉と呼びたいと言っています。これは〈信仰告白的〉ということでもある。真実の意味で神学的、教理的と呼んで差し支えない。『キリスト教綱要』は、このような説教と聖書解釈を素材として生まれたのである。このような説教をしようとしたから、カルヴァンは〈聖霊の道具〉になりきった。聖霊から生まれた言葉であるがゆえに、カルヴァンは速記された説教を修正しようとはしなかったのである。竹森はそう言います。われわれが〈出来事の言葉〉として説教を理解することと重なり合うことが語られていると思います。

以上に紹介したカルヴァンを語りつつ語られる竹森満佐一牧師の説教論の急所はよく理解できるし、共感するところも多い読者が多いであろうと思います。われわれの説教理解とそれほど違ってはいないのではないかと思います。

これを補う意味で少々付け加えます。私が東京神学大学で教えるようになってから、実践神学教育部門の教育課程をかなり大きく変革しました。その基本的枠組みは、現在も変わりません。説教学に関しては、博士課程前期課程の第一学年で、説教学演習を一年間受講します。そして第二学年になると、前期に学長が直接指導する説教学演習があります。学長として、間もなく伝道者になる学生をよく理解するためにも行われる授業です。竹森牧師が学長になってから間もなくして、たまたま通学するバスのなかで学長と並んで座りました。私は、演習で聴く学生の説教についての感想を尋ねました。学長の答えはこうでした。近頃の学生は、よく勉強し、準備し、整った説教をする。「しかし、アッピールしないね」。そう言ったあと、私の顔をじっとみて、「そう言えば、君が教えているんだね」。痛烈でした。説教に不可欠なのはアッピールすることであり、それが、説教のいのちであるということは、竹森が学んだ頃の神学校校長高倉徳太郎の口癖であったことは、とてもよく知られておりました。高倉校長も直接学生の説教を指導し、説教にそれ以外の欠点があっても、アッピールする説教であれば、それを評価し、反対に、どれほど雄弁な説教として聴けても、福音をアッピールすることがない説教を、あまり評価しなかったそうです。竹森学長もまた、福音をアッピールする迫力のあることをこそ説教の急所のように強調したことは忘れがたいことでした。しかし、それは前述のようにカルヴァンに説教を学んだ者としても当然の発言であったのでしょう。竹森牧師自身が、アッピールする説教をするべく全力を注いだことは、明らかです。

カルヴァンと竹森牧師とは置かれている状況が全く異なります。竹森牧師は、日本の教会の牧師です。改革者カルヴァンのカトリック教会との戦いは知らないで済んでいますが、カルヴァンの知らなかった〈伝道〉の労苦があります。それは竹森牧師も、よく知っていたと思います。吉祥寺は、都心から適当に離れた住宅地です。工場などはありません。井の頭公園という緑地を控え、駅前には商店街が広がり、中央線沿線でも有数の乗降客数を誇ります。井の頭線の終点でもあります。特に敗戦後、急速に育った、中産階級の多い住宅地が広がり、また東京女子大学が近くにありました。東京女子大の教授が長老にもおり、何人もの在学生、卒業生が、吉祥寺教会員でした。東京神学大学の卒業生が各地に伝道に赴き、伝道に励んでいることを思い起こしながら、それらの伝道者たちが働く伝道環境と比べながら、自分は遥かに伝道しやすい環境にある、ということをよく口にしました。ここで伝道できないならば、なんとするという思いがあったのでしょう。

吉祥寺教会の会員であったとき、小さな、しかし、忘れがたい体験をしました。来年春は、いよいよ伝道者になるという時でした。私が、まだ婚約式もしていませんでしたが、のちに妻となってくれた原さゆりと親しさが深まった頃でした。ある主日の礼拝が終わったあと、すぐにふたりで話し合っていたことがあります。礼拝参列者と出口で挨拶を交わしながらも竹森牧師はきちんと私たちを観察していました。そして、私だけを呼んで厳しく叱責しました。礼拝後、その日の新来者を牧師が紹介するのが常でした。その日も新しく来た青年たちがふたりおりました。神学生である私は、礼拝後すぐにその人たちと言葉を交わし、歓迎し、今後の求道を勧めるべきであったと言うのです。そのように、その日の新来者に配慮し、伝道することを忘れて、まず愛する女性と言葉を交わしていたことは間違っているというのです。「君は、それでも伝道者となる気かね！」と厳しく問われました。翌年、伝道者になることが決まっていた私にとって、忘れがたい言葉となりました。もともと、その頃、竹森牧師の指示で、求道者を訪問させられることが何度もありました。結核療養所に何度も、ある青年を訪ね、受洗にまで導くことができたこともあります。求道者を訪問して伝道するということは、植村正久牧師が大切にしたことですが、今日では、どれだけの教会が実践しているでしょうか。竹森牧師は実践していたのです。

竹森満佐一が説教で志したのは、礼拝する教会の形成であったことは、よく知られています。礼拝については、よく語り、書いています。東京神学大学では、礼拝学の講義をしていたことがあります。在任中、礼拝の形式、方法の変革を何度も試みています。その説教を理解しようとするとき、礼拝のなかで語られた言葉であり、礼拝を礼拝たらしめるための言葉であるということを忘れたら、理解できないでしょう。しかも、礼拝そのものが、伝道のパースペクティヴにおいて、形成されるべきなのです。

竹森満佐一の説教を学ぶとき、説教を読むことが中心になります。残念ですが、やむを得ません。しかし、説教は、本来語られる言葉です。聴いて理解すべきものです。さいわい、竹森の説教の生涯後半の説教は録音されております。カセットテープやＣＤで聴くことができます。僅かですが、先に紹介しましたようにＣＤで聴くことができる出版もあります。また東京神学大学図書館、吉祥寺教会に行けば、それ以外のものをも聴くことができます。

私が説教を聴聞していた頃は、小さな手帳型のルーズリーフにメモを記し、それを用いながら自由に語っておりました。竹森が属する日本基督教会の説教者、植村正久や高倉徳太郎なども、同じようなメモを用いておりました。ただし、一九八八年に刊行された『講解説教　エペソ人への手紙』の「あとがき」には、前年八七年から始めたそうですが、完全な原稿を作り、それを持って説教をするようになったと書いております。もっとも、原稿を読み上げるのではなく、「話」のように語ったそうです。それは、カール・バルトの説教の方法を真似るようになったからだと説明していますす。ちょうどその頃、私にも、近頃はメモではなく、原稿をきちんと作るようになったと話してくれました。それは、あるとき、トヨ夫人に、あなたは近頃年を取ったせいかもしれないが、同じ話を繰り返してするようになった、と批判されたからだそうでした。そこで原稿を作って、説教の言葉をより厳密に検討することにしたそうです。高齢になったためのゆるみを警戒したのです。

竹森牧師が、どのように説教を書いたか、ということとともに、どのように語ったかも大切でしょう。しかし、私が傾聴していた頃の竹森牧師の語り口を伝えることは容易ではありません。ただ、説教を聴き始めた頃、説教を聴きながら、この説教者は祈っているとよく思いました。私が説教学を学んだ平賀徳造教授は、説教とは御前講演であるとよく言われました。竹森牧師自身は、カルヴァンの言葉として、コーラム・デオ（coram Deo）、つまり〈神のみ前で〉ということをよく口にしました。キリスト者の言動は、常に神のみ前での歩みであるということでしょう。その思いが説教を語る姿勢を作っていたのです。〈敬虔〉（パイエティ）という言葉があります。それがどういうことなのか、竹森牧師の説教を聴いていると、よくわかった思いがしました。私が師事したルードルフ・ボーレン教授は、説教の最初の聴き手、第一の聴き手は神であられる、とよく言い、そう書いています。竹森牧師も、それを知っていたのです。

その上で、これから説教を読みつつ確認することですが、竹森の説教は、聴き手との対話でもありました。求道者、キリスト者たちとの対話でした。竹森牧師は、訪問をしないという噂がありました。それはとても大きな誤解です。ですから、前掲のＣＤによる竹森説教の紹介に付したテキストに、モーニング姿で、教会員を訪ねている竹森の写真を掲載しました。主日礼拝のあとで、礼拝を司式し、説教した服装のままに訪問している姿です。しかし、何よりも説教において、魂への配慮、牧会をしたと思います。講解説教と言えば、与えられた聖書の言葉の解説、説き明かしをすれば、それでよいのだ、と軽率に誤解することがあります。しかし、それでは、聖書の言葉が、聴き手のこころに神の言葉として届くことはありません。説教者は聴き手のこころの牧会をします。語り手であるとともに、聴き手のための魂への配慮をする牧会者です。竹森牧師の説教を聴いた私たちは、この牧師は、われわれの魂の問題をよく知り、その深みに聖書の言葉を神の言葉として届けてくれている、と感銘を深くすること、しばしばでした。言ってみれば、神と、その神を礼拝する会衆との間にあって、いきいきと行き交う言葉の交わり、神の出来事のなかで語られる言葉、それが説教なのです。説教とは、言葉の出来事です。説教の言葉は、出来事の言葉なのです。

この説教者の生涯の輪郭を辿ったとき、多少明らかにしたつもりですが、このひとは、最初から新約聖書学者として道を定めていたわけではありません。教会の歴史の専門家でもあったのです。しかも、教理をよく学んでいます。旧日本基督教会のひとつの特質は、牧師たちが、よく教理を学んだということです。教理学、教義学、のちに組織神学と呼ばれることが多くなった領域の教授となっていたら、それなりに独自の道を開拓したと思います。教理を語る講演を、喜んでしております。竹森がカルヴァンから学んだ最も重要なことは、教理を語る説教でした。学問的な討論をしたり、独自の神学を展開するためではありません。主キリストのからだである教会を、日本の歴史のなかに根づかせつつ、すこやかな強さを持つ教会として育てるために、教理の言葉を語ったのでした。新しい神学論を述べるなどということでなく、改革者以来のプロテスタント教会、何よりも、カルヴァンの伝統に生きる教会を建設するためでした。ハイデルベルク信仰問答の名訳を刊行したように、穏健な改革派の伝統に立ったと言えると思います。日本にキリストの教会を建設するのに、最も適切な手引きであると評価していました。説教には、そのように説教者自身に体得されていた教会の教えの骨格が、太い柱になり、あるいは微妙な表現となって現れておりました。説教は極めて論理的な構造が備わっておりました。時には理屈っぽいと思われるかもしれないような論理性がありました。それが、竹森の説教が難解だと思われてしまうことにもなったのかもしれません。

私が聴いていた頃は、竹森牧師は比較的早口であったと思います。言い間違えることもありました。説教に先立つ聖書朗読も、よく読み違えました。思いが先走ったのでしょうか。年を重ねると

れにそ

ともに慎重な語り口になりました。しかし、そんなことよりも、み言葉を語る情熱があり、時にそれが静かに燃え上がりました。聴き手も巻き込み、燃え立たせました。説教を聴きながら、こころ燃える思いが、いつもありました。それが一気に燃え上がるときがありました。時間を忘れました。身振り手振りも大げさに絶叫するようなことはありません。しかし、強い、緊張した声で、迫りました。ボーレン教授が言う「情熱」としての説教とは、まさにこういうことであったろうと思います。私が冷静なままに説教を聴き終えることは、ほとんどなかったように思います。説教体験が起こったのです。ボーレン教授は、説教者は、聖霊の炎を燃やす放火犯人のようなものだと言いました。高倉牧師の説教に見られたという〈福音を語る者の迫力〉がここにもありました。アッピールしたのです。

直立不動ではありませんでした。しかし、大きな身振りはなかったと思います。ときに手が大きく動いたが不自然ではありませんでした。大声ではなかったと思います。マイクをいつも使いました。肺疾患のために、声帯を少し損ねていたかもしれません。しゃがれ声が混じりました。しかし、しっかりした、はっきりした口調で、聴きにくいことはありませんでした。明晰でした。そしていつも声に静かな力がこもっていました。説得力があったのです。説教者が存在を賭けている声であったとも言えます。こんなふうにかつて聴いた説教の声を思い出していると、とてもなつかしく思います。私も私の妻も、この声と言葉に深く養われ、それによって、その後の伝道者の生活に耐えることができたのです。

付論　私たち夫婦と竹森満佐一牧師との出会い

私も私の妻さゆりも、若いとき、竹森満佐一牧師と出会い、その人生における決定的な感化を受けました。この出会いをここで語ることが、伝道者・説教者竹森満佐一の姿を具体的に浮かび上がらせることになると思います。

妻さゆりは、敗戦後間もなく竹森牧師に出会い、一〇年間、その説教を聴き続け、霊的指導を受けました。私は一九五〇年に説教者竹森満佐一に出会い、その教会でさゆりに出会い、一九五六年、今から六〇年前に結婚、手を携えて伝道者の生活を始めました。既に二〇一四年、妻は地上の生涯を終えました。共に生きた五八年間、それは伝道者としても夫婦としても、とても祝福されたものとなりました。何と言っても、ひとりの牧師に傾倒し、その説教の言葉によって、共に養われたことは決定的でした。聖書の理解、福音の理解に互いに齟齬はなかったし、互いの信仰と神学に疑いを挟むことはなく、伝道の姿勢に食い違うことはありませんでした。共に祈りつつ、聖書を読むとき、ここで竹森先生はこんな説教をなさったね、となつかしく思い起こすことしばしばでした。同じ説教、福音の言葉に養われたことが、互いの愛を確かなものにしておりました。

さゆりは旧姓原、東京女子大学に入学して間もなく敗戦の現実に直面し、そこで竹森牧師の説教を通じて福音に生きる道を見出しました。そのことを、前掲の『吉祥寺教会の歩み』に寄せた、「『細き声』を聞き献身」と題した一文でこんなふうに書いています。

入学したものの、敗戦により授業は中断、秋も深まり再び学舎に戻った。その頃、石原謙学長から校章の「犠牲と奉仕」には、神に献ずるいけにえ、礼拝の意味があることを教えられた。それまで知らなかった言葉が開いてくれた言語の世界、神の世界に強く心ひかれた。そして後、キリストの犠牲によって救って頂いた。〔吉祥寺教会会員であった東京女子大学教授〕早坂先生のお誘いで吉祥寺教会の礼拝に出席した。初めに聞いた竹森満佐一先生の説教、語られたキリストの愛、神の愛、今まで思いも及ばぬ真実の愛に圧倒された。求道の生活が始まった、六月のことであった。試験の時といえど、聞き逃すことが惜しく休むことはなかった。帰りがけ玄関の所で「試験なのに」と声をかけてくださった先生は講壇の上とは全く違ったお顔であった。

クリスマスに受洗を願って伺うと、読んでおくようにと、『ハイデルベルク信仰問答』を手渡してくださった。あまり理解することはできなかった。しかし、それからの長い信仰生活において何度もこの問い一の答えに慰められ、力づけられた。一緒の受洗者は確か二〇名を超えていた。戦後多くの教会が盛んであった。時の状況が幸いしたことは勿論のこと、しかし「伝道しない教会は死んでいる」と先生が言っておられたように私もまたその恩恵を被った一つの実りであったが、教会には伝道の熱心があった。

旧約聖書による説教も味わい深いものであった。後、ホレブの山で神の「細き声」を聞いたエリヤの説教によって献身の志が与えられた。すでに移り住んでいた小平まで両先生が訪ねてくださり、クリスマス祝会においては教会に与えられた恵みとして数え、入学が決まると招いておウドンをご馳走してくださった。質素なものであった。丁度受難週の一日であった。教会に献身者が与えられることを喜んでおられることを深い思いで味わった。四一年の伝道者の生涯を終え、今限りない感謝の思いが心に満ちている。

のち、鎌倉雪ノ下教会が伝道開始七〇年を記念し、教会員一同が、自分を紹介する文章を書いたとき、さゆりも一文を寄せ、そのなかで、こんなことを書いています。「竹森先生の説教の力と恵みに、一〇年にわたりあずかることができました」。説教だけでなく、牧師としての手の感触を、その存在をもって味わったと思います。私はよく言いました。さゆりは、竹森説教によって純粋培養で育てられた。他の説教者の説教を知らず、この説教者の声を聴くだけで育ちました。さゆりの説教を聴くと、竹森牧師の説教の感化をどれほど深く受け止めているかということを痛感します。

さゆりは、ある都立の高等女学校を終えたとき、東京女子大学経済科を受験します。この大学を選んだのは、当時住んでいた家に近かったこともありますが、父の意志で決めたことのようです。さゆりの父はまだ洗礼を受けてはおりませんでしたが、聖書を買い求め、読んでおりました。戦争の危機が深まるとき、娘のために、何かを祈り求めていたのかもしれません。洗礼を受けたのは、敗戦の年、一九四五年のクリスマスです。女子大卒業後、立教女学院教員となりましたが、飽き足らず、日本社会福祉専門学校で改めて学び始めましたが、それでもまだこころ満たされず、そこでエリヤを説く説教に触れて伝道者になる決意を与えられたのです。

私自身はかつて『自伝的説教論』（キリスト新聞社、二〇〇三年）を発表したとき、そのなかで竹森牧師との出会いをかなり丁寧に語りました。詳細はそちらに譲ります。一九四二年一二月、太平洋戦争が始まって一年を経た頃、私は受洗しました。一三歳でした。あの戦争の間、アメリカ人女性を妻とし、警察の監視の目が光るなかで、説教だけにすべてを賭けた牧師の言葉に深く耳を傾けました。それはいのちを削るような説教でした。戦争の危機が深まり、敗色濃厚の頃は、イザヤ書だけを説きました。私もいのちを賭ける思いで傾聴しました。神の言葉の神学を語る言葉を読み耽りました。私が洗礼を受けるとき、牧師が求めたのは、カール・バルトの『我れ信ず』を読了することでした。高倉徳太郎牧師の説教を読ませ、ブルンナー、バルトに親しむことを求めました。旧福音教会に属しておりました。戦争中の教会、それは、息をひそめるように生きながら、内的には神の言葉の豊かさに生きていました。

そして敗戦、牧師の立場は一転しました。英語の世界で大活躍しました。まさに我が世の春でした。教会堂には英語を求めるひとも多く、若い人びとが集まりました。そして説教は見事に霊的な力を失いました。戦後五年、私は、既に伝道者になる決心を与えられておりましたが、元気に礼拝に出席しても説教を聴いては、かえって心萎える体験を重ね、とうとう決心して牧師を訪ね、直接告げました。先生の説教を聴き続けることは、もうできません、教会を去ります、と。東京大学学生でしたが、心臓の病もあり、心身衰え、学業も休んで、軽井沢で静養の数か月を過ごしました。少し元気になり、山を降り、主日礼拝に、武蔵野教会を訪ねました。当時熊野義孝牧師を高く評価していたのです。しかし、『基督教概論』などの著書を通じてだけで、直接の面識はありませんでした。期待した説教はよくわかりませんでした。ひどく落胆しました。ただ、その次の主日礼拝で竹森満佐一牧師が説教するという案内がありました。竹森満佐一の名は、当時、一般的にはまだ知られてはいませんでした。私自身もその名は知っているものの評価は知りませんでした。あまり他の教会で説教をすることはなかったのですが、たまたま米国留学から帰ったばかりで、とても親しかった熊野牧師の招きに応じたのです。いわばなりゆきで、その次の主日にも武蔵野教会の礼拝に参加し、竹森牧師の説教を聴きました。あまり期待はしていなかったのです。だが、ピリピ書を説いた言葉に一撃されました。このひとの説教を聴き続けようと決心しました。次の主日には吉祥寺教会の礼拝に行きました。吉祥寺という地名だけを頼りに訪ねたので、すっかり遅刻してしまいました。そして、その説教のとりこになりました。私の人生にとって決定的な説教者との出会いです。もしも、武蔵野教会の礼拝で、竹森牧師の説教に出会っていなかったら、と時々思います。聖霊の導きを思わずにおれません。

私が竹森満佐一牧師を知った頃、牧師は四〇歳代前半でした。若く生気に満ちた、意気盛んな伝道者でした。信仰と教会をめぐって悩み抜いていた私は、当初、何度か、弁当を持って礼拝に出席しました。礼拝が終わると、先生と語り会うことを約束しておりました。竹森牧師も皿に米飯を盛り、それに米軍から支給されたコンビーフの缶詰を開けて添えたりした昼食を用意し、一緒に食事をしてくれました。そして私の話をよく聴いてくれました。よく答えてくれました。この対話を何度か続けてから転入会をしました。まだ日本基督教団は、信仰告白を持ちませんでした。転入会式では、旧日本基督教会の「信仰の告白」が朗読され、それを私が受け入れて、吉祥寺教会会員となったことは忘れがたいことでした。

吉祥寺教会で過ごした六年間、いろいろな体験をしました。しかし、終始一貫変わらなかったことは、いつも説教に感動していたということです。説教する竹森牧師のすぐ前に座って、聖霊体験を重ねておりました。それが日常のことになりました。戦争中聴き続けた説教、そして吉祥寺教会で聴き続けた説教、全く異なったものですが、説教の恵みを体験し続けたことにおいてひとつです。プロテスタントの信仰に生き続けた者として、説教を説教として聴き続け得たことは当然のことですが、幸いなことでした。これが、その後、自分が毎主日説教することを支えるものともなり、また自分が説教し続けることにより、恵みの説教体験を続けることができました。さいわいなことであった、と思っております。

一九五三年の春、私は東京大学哲学科での学びを終えて、東京神学大学の編入試験を受けることになりました。私を後継者にしたかったらしい実業家であった父は、とうの昔に同意してくれていたと思っておりましたが、どうもそうではないらしいことに気づき、竹森牧師に相談しました。「僕が行こう」と言い、父を訪ねてくれました。父とだけ話しました。三時間も話しました。ついに私が呼ばれ、「お父上も同意してくださったからね。よかったね」。そう告げられました。さゆりが東京神学大学を受験したときも、このときは夫妻で、さゆりの両親を訪ねていました。そういう牧師だったのです。

説教を読み始めましょう

これから竹森満佐一の説教を読みます。代表的な説教を紹介します。どのように読んでも構いません。どこから読み始めてもよいのです。私の考えで、説教のいくつかを並べていきます。説教本文を掲げます。それに、私がいろいろな形で説明をします。説教のより深い、あるいは、より広い理解を助けるためです。本文だけを読み通してから、改めて解説を読むこともできるし、反対に、説明を理解してから、本文を読み通すこともできるであろうと思います。

解説の仕方は、さまざまです。しかし、その方法は明確です。私は、二〇〇八年に『説教批判・説教分析』（教文館）という書物を書き、説教批判の方法論を明確にしようと試みました。そのなかでも、竹森説教二篇を取り上げ、分析しております。それも本書に再掲載します。この書物で語る説教批判の方法を用いながら、更にいくつかの説教を一緒に読んでみようというのです。もちろん、それを参照しつつ、読者それぞれに、更に分析・批判を試みてくださるとよいと思います。

第二部　説教を読む

1　ルカによる福音書第二章一－二〇節

　竹森満佐一『わが主よ、わが神よ』の二番目に収録されている説教です。この説教集は、『ローマ書講解説教』と並んで、この説教者の代表的な説教集であるだけではなく、日本説教史においても傑出したものです。ぜひまずよく読んで親しんでください。実際に聖書を講解しつつ、主イエスのご生涯を辿る説教を試み、そのなかのいくつかを選んで、書物としています。そして、主イエスのご生涯も概略を知ることができるようにしたものです。副題は「イエス伝講解説教集」となっております。〈イエス伝〉というのは、キリスト者の信仰にとっても、しっかり捉えていなければならないことです。また聖書学の世界でも、重要な主題でした。私が学生であったとき、竹森は、イエス伝を主題とする新約聖書学の講義をしており、私も聴講しました。かなり批判的な内容のもので驚いたくらいです。しかし、説教でイエス伝を語ろうとするとき、その関心は、どこに注がれるか。説教集の書名が明記するように、復活された主イエスに対してトマスが告白したように、われわれが、今献げる礼拝において、イエスを「わが主、わが神」と告白することです。それが全巻の主題であり、個々の説教の主題でもあるのです。その視点から、主イエスのご生涯を辿るのです。

これは「講解説教」であると説教者は言います。しかし、もしかすると、多くの方が考えるような、与えられている聖書テキストを一字一句解説するような講解説教をしてはいません。ただ聖書テキストを説き明かすことには変わりはありません。その意味では聖書テキストが何を語るかを説くことに集中します。しかし、思ったよりも自由です。それなら、どのように聖書を説くのか。説教を読んでみてください。なお、旧約聖書テキストとして、イザヤ書第七章一〇―一七節が読まれました。実際に説教したときには、説教題がありませんでした。しかし、出版されたとき、これには「生誕」という題がつけられました。

ここでは、この説教が、どのように構成されているかに、特に注目しながら読んでみます。竹森満佐一の説教の特質のひとつは、説教全体が、よく考えられ、構成されているということにあります。それは、この説教が、いかに論理的であるか、ということでもあります。現代説教学では、説教の構成、構造を、むしろ、言葉の流れ、として捉えることがあります。目で読む論文と異なり、耳で聴く説教は、時間の流れとともに言葉が流れ出てきます。緩急自在、しっかり間があり、はっきり聴き取れる言葉は、聴いていて快いものです。そして言葉が流れるとともに内容も聴き取れ、メッセージが伝わってきます。ダイナミックな言葉の流れがこころを捉えてくれます。この説教は、一度語られ、録音され、筆記されたものに、読まれる説教集の原稿として書き直されものですので、実際に語られたものではありません。しかし、それを承知の上で、説教の言葉を聴き取るように読んでみてください。声に出して読んでみるのも、そのひとつの良い方法でしょう。

暗い夜道を歩いていると、突然、すぐ前の家の戸が開きました。すると、真暗であったところに、急に、家の中の明るい光がかがやいてくるのです。その光の中で、はじけるような、家の中の楽しい笑い声が聞えてきます。だれかを送り出そうというのでありましょう。やがて、ひとりの人が出て来ます。家の中からは、この人を見送るにぎやかな挨拶が聞えてくるのです。すると、戸が閉じられます。道は、また、もとのままの暗さに帰ってしまいます。出て来た人も、闇の中に呑まれてしまって、あたりは、前と同じようになってしまうのであります。

説教は、いきなり、鮮やかなイメージを語ります。この暗い夜道に突然扉が開かれて光が射すイメージは、クリスマスの光のイメージとしてよく用いられるものかもしれません。たとえば、私が訳出した、ランダウ編集の『光の降誕祭』（教文館、一九九五年）という降誕の説教集のなかに掲載されているハンス・ヨアヒム・イーヴァントの、同じルカによる福音書第二章を語る、すてきな説教のなかに、ほぼ同じイメージが語られています（一六七ページ以下）。浅学にして知りませんが、このイメージでクリスマスの光を語る古典的な言葉があるのでしょうか。

このようなイメージを語ることは、竹森牧師の説教のひとつの特質です。このイメージは、物語というよりも、絵本の一場面のように、絵画的な、あるいは映画で描けれるような動きのある場面です。

聴いている者は、すぐにこころの内に、この場面を描くことができます。私は、二〇〇八年に『文学としての説教』（日本キリスト教団出版局）という書物を出しました。私は説教は文学の一類型であるとも思っているのです。そして、文学的な説教を語った代表的な説教者として、竹森満佐一を挙げております。文学としての説教というのは、イメージを聴き手のこころに伝え、イメージをこころのなかに創出する、それ自体がイメージを持つ言葉で語るものだと思います。教養があるからこそ生まれる言葉でもあります。

こういう経験をなさったことのある方は、少なくないと思います。ところが、クリスマスの夜の有様は、それに非常によく似ているのであります。ベツレヘムの野は、暗い闇におおわれておりました。羊も、それを守る羊飼も、どこにいるかよく分らないような暗さでありました。ところが、突然、天が開けました。そして、主の栄光があたりを照し出したのです。今まで見えなかったものが、急に見えるようになりました。それと同時に、開かれたところから、天がのぞけるように、天の中の明るさ、賑やかさが、こぼれ出て来たように思われました。やがて、天使のみ告げが終ると、天の戸が閉ったように、光はなくなりました。羊も羊飼も、どこかにうもれたように見えなくなってしまったのであります。これが、あの晩の様子でありました。

説教者は言います。「こういう経験をなさったことのある方は、少なくないと思います」。何気ない一言ですが、説教者は対話をしています。聴き手の、ごく日常的な経験に訴えています。これはよくある体験だろうと言います。しかし、そのあとの言葉で、実は、このごく一般的な体験として語られていることが、ルカによる福音書第二章が描く降誕の出来事の記事の意味を説き明かすものだとされます。聖書の語句をいちいち説くことはしません。キリスト者でなくても知っているひとがほとんどであろう天使の出現、羊飼いを照らす光のまばゆさを説き明かします。しかし、ここで説教者が語りたいのは、主の栄光の明るい光のことだけではありません。むしろ、この天の光の一瞬の出現が初めて明らかにする地上の暗さです。羊飼いの姿も見えなくするような暗さです。クリスマスと言えば、明るいイルミネーションが象徴するように、夜も昼かと思うほど、明るくしますが、竹森牧師は、クリスマスは、地上の世界の暗さが際立ったときだと言うのです。この指摘に意表を突かれるひとが多いのではないでしょうか。この「意表を突く」語り口もまた、この説教者独特のものです。しかし、神学的にも正しい指摘です。

クリスマスの夜には、天と地と、全くちがった様子が見えました。地上は、あくまでも暗かったのです。夜が暗かっただけでなく、ローマ皇帝アウグストから出た勅命によって、すべてのユダヤ人が戸籍登録をしなければならなかったのです。つまり、ユダヤ人がみんな、敵によって数えられ、調べ上げられる時であったのです。人間の罪によって暗かったのです。

これに対して、天は、あくまでも明るくありました。それは、地上の苦しみなどには気がついていないのかと思われるほど、明るいものでありました。そこには、光と讃美があるだけでありました。

ここで、地の暗さと、天の明るさの対比が改めて語られます。地上の暗さは、自然の夜の暗さよりも、むしろ、ローマ皇帝が君臨していたからだと言います。ヨセフとマリアに人口調査のためにベツレヘムに赴くことを強いる皇帝の権威は闇の権威です。ユダヤ人の敵でした。神の民の敵でした。自分を神とする皇帝の支配する世、それは、罪の暗さを示すのです。簡潔にこのように語り、クリスマスの夜を支配した罪の闇を指摘する説教の言葉は見事です。それに続けて「罪を知らないかと思われるほど」に明るい、という意味慎重な言葉で表現される天の明るさが印象深く語られます。

クリスマスの記事は、聖書の中には、非常に少ないのです。そして、書いてあっても、牧歌的なことや、それをめぐる人びとの様子が主で、何の説明もないのであります。クリスマスは、地上が暗さに支配されているだけでなく、クリスマスの沈黙に支配されていました。あるいは、神が沈黙して、何の説明もお与えにならなかったと言ってもいいかもしれません。クリスマスが、正しく受け入れられないのは、その沈黙のせいであります。それが分からないで、人びとは、クリスマスを明るくしようとするのです。しかし、クリスマスの賑やかさは、本来、地上のものではなくて、天上のものでありました。ですから、クリスマスを知りたいと思うなら、ただ、何とかして地上を明るくしようとはしないで、クリスマスのただひとつの光である天の明るさの意味を考えてみる必要があるのです。

ここでなお論旨を進めます。それは、ただひとつクリスマスの闇を照らした天の光とは何であったかを、もっと明らかにしようということです。そのために、まずここで明らかにするのは、聖書のなかには、牧歌的なクリスマスの出来事を説明抜きで叙述しているだけだと言い、そこではクリスマスが暗かっただけではなく、クリスマスには沈黙が支配していると言います。そして、それをすぐに「神の沈黙」と言い換えます。驚くべき論旨の展開です。ここの部分は、クリスマスにふさわしい黙想を促す言葉だとも言えます。神は黙っておられる。それを人びとは理解しない。そこで、自分たちの手でクリスマスを明るくしている。賑やかにしている。現代のクリスマスの祝い方の鋭い批判です。逆説的に言えば、神が人びとが期待するような言葉を語らないので、人間が神の言葉に耳を傾けず、自分でおしゃべりし、明るくしているのが、現代日本のクリスマスではないか、という厳しい批判が、静かに語られているのです。そこで改めて、天の明るさの意味を考えよう、というのです。ここに説教全体の主題が明示されます。ここまでが、説教の序論であろうと思います。竹森満佐一の説教のひとつの特質は、その序論にあります。よく考えられています。竹森牧師の説教は、ほとんどの説教について言えるのですが、序論、本論、結論（最終アッピール）という三区分から成ります。そして、本論が更に三区分になります。近代説教学で説教の基本的形式として提示されたのは、スリー・ポイント・メッセージというのであり、三つの論点を重ねて論旨を進めるものです。三段論法という論理学が勧める基本的な説得論理の重ね方でもあります。そこでは、基本的には説得的に聴き手に届けたい福音を、より具体的、現実的な主題として提示し、それをきちんとした構成を持つ論旨を整えつつ述べていきます。竹森説教は、この点、いつもきちんとした構成を持つものであると思います。

その夜、地上は眠っていました。羊飼たちぐらいしか起きてはいなかったようです。だから、天からの光に気がついた人もなかったようであります。ベツレヘムの馬小屋で、赤ん坊が生れても、み告げを受けた羊飼が来るまでは、だれも、何が起ったかは知りませんでした。人間は、みんな眠っていたのです。ただ、神だけが働いておられたのであります。神だけが、大きな仕事をしておられたのに、人間は、それに気がつかなかったのであります。

その仕事は、何であったでしょうか。それは、み子を世におくることでありました。ミルトンは、『失楽園』の中で、神が、み子をおつかわしになることが発表された時に、天がどよめいた、と書いています。これは、まことに、天さえもどよめくようなことでありました。神は、長い忍耐ののちに、み子をおつかわしになりました。それによって、人間の一切の問題に解決をつけることができる、と確信しておられたのです。

きょうダビデの町に、あなたがたのために救い主がお生れになった（ルカ二・一一）というみ告げがありました。この夜、天が明るかったのは、救い主の誕生のためでありました。だから、地上も、その明るさを受けるためには、救い主がお生れになったことについて、深く示されねばならないのであります。

本論第一部に入ります。そこで、聖書テキストに改めて耳を傾けます。そこで聴き取るのは、すべてが眠っている間に、神だけが働いておられた、大きな仕事をしておられたということです。これらの表現は、聴く者が耳をそば立てて聴く注目すべきものです。一度聴いたら忘れないでしょう。竹森満佐一は、このように聴き手の耳を捉え、こころを捉える言葉を語るところに、説教者としてなすべきところをよく心得ていたひとであると言えます。神の大仕事、それは、み子を地上に送られるときでした。その時、天使たちの間にどよめきが起こりました。このミルトンが語る天のどよめきは、竹森牧師の愛する表現で、私が説教を聴聞していたときにも、何度か感銘深く聴いたことです。み子の派遣、それは引用句なしですが、長い忍耐の末であったと聖書が語るところに従い語ります。しかし、そのあとの、神が、み子の派遣によって、人間の一切の問題に解決ができると確信しておられたと語っています。神の確信について説教者が語っているのです。これは大胆です。聖書の引用はありません。説教者の推測です。神のみこころのうちあるものについて断言しています。人間の問題のすべてが、主の来臨によって解決するというのです。ここに、この説教者の信仰が告白されているとも言えます。

そこで、一一節の聖書の言葉が引用されます。聖書の言葉の、直接の最初の引用です。そこで、本論第一部で説く主題が提示されます。「救い主」です。この救い主とはいかなる存在であるかを理解するとき、初めて地は天の明るさを自分たちの明るさとすることができる、と言います。そう言いつつ、聴き手に、あなたがたにも、この救い主を受け入れてこそ、光が輝くと約束されます。

救い主が来たのに、なぜ、世界は、こんなに静かであったのでしょう。なぜ、そのことに気がつかなかったのでしょうか。実は、クリスマスに来られた救い主が、真の救い主であったからこそ、だれにも知られなかったのであります。

竹森満佐一の説教は対話的です。対話的な言葉は、何度も聴き手に問いかけていきます。ここで、救い主とは何ですか、と問うこともできます。そして、メシア、あるいはキリストという言葉を用いて解説することもできます。しかし、それをしません。救い主が来られたのに、世界がそれに気づかなかった。それはなぜだろう、と問うのです。いつも聴き手のこころに語りかけます。何でもないような、このような語りかけの言葉を学びたいものです。

自分で問いかけ、すぐ答えます。しかも、問われた聴き手の誰もがすぐに思いつかないような答えです。この救い主が真実の救い主であられたからだと言うのです。どうしてそんなことを言うのか。その説き明かしが、このあと続きます。これはかなり丁寧です。ここに説教者が言いたい大切なことがあるからに違いありません。

竹森満佐一の説教では、思いがけない答え、思いがけない展開を体験することがあります。それが聴き手のひとつの楽しみでした。思いがけない言葉を聴いて、そこで発見するのです。

救い主という名は、その当時は、珍しいものではありませんでした。人びとは、救い主を待ち望んでいたからであります。ローマの決定的な支配の下にあっても、問題は無数にありました。だから、みんなが救い主を求めていたのであります。

一番分りやすい救い主は、政治家でありました。ローマの皇帝の中で、神として崇められた者もありました。皇帝アウグストは、まだ生きているうちに、ある地方では、神として礼拝されたと言われております。そういう時につけられる称号のひとつは、救い主ということであります。クリスマスによく歌われるハレルヤ・コーラスの、「王の王、主の主」という言葉は、黙示録からとったものでありました（一九・一六）。それは、黙示録が、ローマ皇帝を、王とし、主とし、神とする者に対して、キリストこそは、王の王、主の主である、と告白しているためであります。

政治的な王が救い主であるとすれば、この王が、明らかに見える形で崇められることは、当然なことであります。しかし、救い主イエス・キリストが、羊飼たちと、宿屋に居あわせた人びとによってしか、救い主として知られていなかったことは、非常に大事なことであります。それは、この救い主がもたらした救いは、決して、あからさまに語られるべき性質のものではなく、人間の真の救いであったからであります。

この部分の説き明かしは丁寧ですから、ここで念を押すようなことを言う必要はありません。主イエスが救い主であられるということは大声で語られるべき性質のものではなかったのです。政治的プロパガンダなどとは異質の言葉で語られるべきものでした。説教もまた、従って、この主にふさわしい言葉であることが求められます。

救いとは、何でありましょうか。人間は、このことに、どれだけ迷ってきたか分らないと思います。どの時代の人間も、どの国の人間も、救いを求めてきました。したがって、人間の救いは、まことに、数多くあったのであります。その中で、人間にもっとも分りよい救いは、政治的な救いでありました。だから、ローマの皇帝が救い主とよばれるようになったのであります。そして、もし、それが救いなら、救いこそは、だれの目にもすぐに見える、派手なものであるにちがいありません。

しかし、そういう外側の救いが、真の救いであると、だれが言うことができましょう。人間の生活は、外側のことで尽せないばかりでなく、心の中のことの方が、実は大切だからであります。心から満足しないような救いは、どんなに豊かに見えても、よく見えても、何にもならないからであります。

もう一度聴き手に問います。それならば、救いとは何か。あなたは、どのように理解しているか。こうして説教は、聴き手の急所を突く問いとなります。こういう問いは、聴き手自身が、改めて自問自答する機会を作ります。そこで、救いを問うことを通じて、救いを問う自分自身を問うことになります。

説教は、ここに至って、聖書テキストが直接語っているとは思えないことを語ります。しかし、実は、テキストが、このような形でしか、主の降誕を物語らない理由を問うています。真実の救いは、派手な、外側の人間の生活に関わるものではないからです。ここで語られる救いは、こころのなかのことです。その方が、人間にはとても大切なのです。竹森満佐一の救い理解、信仰理解の急所に関わる発言です。

パスカルは、人間は独りで死ぬ、と申しました。それは、人間の生活が、孤独であることを示していますが、また、同時に、人間の救いが、どんなに個人的なものであるか、ということを示しているのであります。人間の生活は、外の物質的な面でも、満足しなければならないものでありましょう。しかし、そうなったからといって、だれも、ほんとうには、満足しないのです。それは、心が満足しなければならないということもありますけれども、それよりは、われわれの生活が、自分にだけしか分らないものだからであります。自分にだけと言ってもいいが、実は、自分と神にだけしか分らないものだからであります。

そこで、ここから、この部分で最も大切だと思われる言葉が語られていきます。その冒頭で引用されるのはパスカルの言葉です。キルケゴールと並んで、信仰に生きる者の代表的な人間論を語った思想家です。その著書『パンセ』は知識人ならば必ず熟読したものと言えます。説教者ならなおさらです。竹森満佐一の教養からすれば愛読していたに違いありません。パスカルの言葉「人間は独り死ぬ」という言葉が含む死を直接論じてはおりません。しかし、明らかに自分の死を死ぬのは私独りである、という、言ってみれば、深い実存的な経験を踏まえた発言です。これを「個人的な」自己理解だと言います。おそらく英語で言えば、パーソナルな経験です。先にこころのなかのことだと言ったのをもっと丁寧に説いているのです。しかも、これは厳密には自分独りのことではなく、神との関わりにおいて捉えられる自己です。「自分と神にだけしか分からない」ことだと言うのです。説教者自身の自己を語り始めていると言えます。この人間存在の深さにあるものを、次の文章では、「心の底から」という、ごく日常的な表現を手掛かりに論じていきます。心憎いと言いたくなるほどの言葉の運び方です。

われわれは、よく、心の底から、ということを申します。たとえば、心の底から満足するということであります。しかし、心の底と言われる、底とは何でしょうか。心の底とは言っても、その底をどうやって、他の人に分ってもらうことができるのでしょうか。自分の心の底などは、どんなに語ってみても語りつくすことなどはできるものではありません。丁度、自分の歯の痛いのを他人に知ってもらおうとする時と同じであります。それは、いくら話をしても、分ってはもらえないと思います。同じように、われわれ自身のことも、どう解決しようとしても、人間との間のこと、または、物質をもっては、解決のしようがないのだと思います。

したがって、また、外のことがどんなにととのえられても、解決しないことが残ると思います。たとえば、世の中の制度や事情がととのえられるようになったとしても、どうにもならないことが、人間には、残るものであります。だれの生活にもつきまとう、幸福とか不幸とかいうこと、才能があるとかないとかいうこと、丈夫な体に生れついたか弱いかということなど、数えあげればきりがないほどに、はっきり割り切ってしまえないことがあるものであります。それは、また、だれに持っていっても解決のつけようのないことであります。ただ、神との間に解決するほかはないのであります。

その上に、いくら説明してもむだなだけでなく、説明したくない、だれにも知られたくないために説明できないという場合も、決して、少なくはないのです。その時には、言葉をつくして話をしても分らないというのではなくて、話をしたくないのですから、非常に難しいことになると思います。

このように考えてみますと、人間の問題は、何でも明らかにしたらいいというものではなくて、明瞭にできないし、明瞭にしたくないのであるということが分るのです。したがって、人間の問題は、人間が、お互いに、話し合って解決できるものではなくて、神との間でだけ、取り上げ、解決することができるものであることが、はっきりしてくると思うのであります。ですから、クリスマスの救い主が、だれにも知られない形でこの世に来るということも、少しも不思議なことではないのであります。なぜなら、ほんとうの解決はだれも知らないところで、しかし、神との間でだけ行われるからであります。そこにだけ、真の救いがあることを忘れてはならないのであります。神は、人びとが眠っている間に、み子をこの世にお送りになって、だれにも知られずに行われる、しかし、そのゆえに、もっとも徹底した救いを、お与えになったのであります。

説教の聴き手は、説教者と共に黙想をします。人間の間で語り合っても、どうしようもないことがある。「話をしたくない」ことなのだ、という興味ある発言を聞きます。神との間でだけ、問い得るし、答えを得て、解決し得るものがあるのだ、と言います。信仰による以外に答えを見出し得るところはないのです。しかも、それは他の人間が知るところのない、ひそかな救いの出来事です。こころの底で、救い主に会うのです。

われわれが行う説教分析では、説教を成り立たせる言葉を分類します。そのなかで、特に重視するのが〈神の名による言葉〉です。説教者が神から遣わされた全権大使のように、権威をもって、神が語られる言葉を取り次ぐ言葉です。福音を宣言する言葉です。竹森牧師の説教では、本論を形成する三つの区分のいずれにも必ず、この〈神の名による言葉〉が登場します。「神は、人びとが眠っている間に、み子をこの世にお送りになって、だれにも知られずに行われる、しかし、そのゆえに、もっとも徹底した救いを、お与えになったのであります」。ここがそうです。神が、人びとが眠る間に、ひっそりと、しかし、確かに成し遂げてくださる大仕事、徹底した救いを、今世に与えてくださっている。それがクリスマスの出来事だと宣言します。鮮やかに！

アメリカなどでは、クリスマスには、みんなが、家に帰るのです。都会に勉強に行っている者も、田舎の家に帰ります。家に帰って、静かなクリスマスを迎えます。窓から、雪に掩われた庭を眺めて、自分の生活を考えるのです。美しい雪景色が、目にうつりはしますが、人びとが見ているのは、自分の心の中であります。クリスマスに、心の中をしっかり見ることができる人、自分自身を見つめることのできる人にこそ、この救い主が、ひそかに、世に来られた意味が分ることでしょう。
あなたがたのために救い主がお生れになったと言われています。しかし、それは、あなたがた、ひとりびとりのために、ということでありましょう。救い主は、あなたがたの救い主ですが、実は、あなたの救い主であるからであります。その意味から言えば、クリスマスは、わたしの救い主を迎えた日であります。そのゆえに、喜びがあるのであります。救いを受ける者の喜びであります。

「神の名による言葉」、福音宣言から生まれる聴き手への勧めの言葉が続きます。神の名による言葉に準ずるほどに大切です。ふたつのことです。第一は、クリスマスには、故郷に帰って静かに過ごすように、自分自身に帰り、自分のこころを見つめよう！　という勧めです。第二は、そこでこそ、あなたの救い主にお会いしよう！　ということです。私の救い主として、主イエスをお迎えする喜びに招く言葉です。説教は、喜びへの招きなのです。ここで説教本論第一部が終わります。

神の救いは、どのようにして与えられるでしょうか。わたしたちは、神の救いを考える時に、いつも、非常に単純な考え方をいたします。それは、神が、悪人に勝って、支配されるということであります。もし、神が、見事に勝ってくださることができないとしても、もう正しい者は敗北するのか、と思う時に、突然、神が、どこかから現われて来られて、悪人を滅ぼし、善人は、神とともに、勝利をおさめるということになると思うのであります。

ここで、一行開けて印刷されておりますように、新しい段落に入ります。語っているときにも、少し長い間合いがあったでしょう。本論第二部に入るのです。ここまでで、説教の時間の半分以上を用いています。これからは、もっと短く語られます。短くてもわかるのです。新しい論旨の展開です。また問いがなされます。神の救いは、どのように与えられるのでしょう。あなたはどう思われますか、と聴き手がまた問われます。そして、ここでも、まず一般的には、神の救いとは、神がどこかから現れてこられて、善人と共に悪を滅ぼし、勝利してくださることだと考えられているのではないか、と問います。しかし、このような問いを出しながら、説教を聴いている聴き手のこころのなかでも、ああ、自分もそのように考えているのではないか、と自分に問うているのではないでしょうか。こうして、説教者は聴き手とここでも対話をしているのです。牧会する対話、魂への配慮の対話です。

ところが、この世の中の実状は、どうでありましょうか。悪いことをする人間は、いつも得をして、神に従おうとする者などは、いたずらに、自分を清めるだけで、結局は、泣き寝入りになってしまうのではないか、と思われるような状態であります。そうすると、神の戦いは、景気のいい勝利ではなくて、いつも、何か歯切れの悪い、押され気味で、受身になっているように見えるのであります。それは、神が、遠慮しておられるのではないかと思わせるほどなのであります。

説教者が、聴き手のなかにあるかもしれない思いを語り出します。ぼんやりと思っていたかもしれないことをはっきりさせます。現実の世では、神の勝利が見えないのです。そのために、信仰に生きているつもりのひとでも、神に従おうとしていながら、自分を浄めるだけで、結局は泣き寝入りしているだけではないか、と尋ねます。そうとすれば、神の戦いは、景気のいい勝利ではなくて、歯切れの悪い、まるで神が遠慮しておられるのではないか、と思ってしまうようなものではないか。そう問います。「遠慮しがちな神の勝利」などというのは、意表を衝く、まことに興味深い表現ですね。

神の戦い方は、どうも、われわれ人間のやり方とは、ちがうのであります。何か受身な、ひどく謙遜なように見えるのであります。しかし、それは、神の戦いが分っていないのであります。神は、悪人をみな滅ぼしつくして、勝利をしようというのではないのです。神は、すべての罪人である人間を救って、それによって、勝利しようとされたのであります。

ここに竹森満佐一の独特のレトリックが展開されます。古代ギリシアに起源を持つ、伝統的な学問のひとつになっているのは、レトリックです。レトリックというのは、相手を説得する言葉の技術です。説教には説教のレトリックがあります。遠慮しがちな、謙遜な神の救いというイメージを一度、聴き手のこころのなかに呼び起こしておいて、それは大きな誤解に基づくイメージだと言うのです。そこでの急所は、神の悪に対する勝利は、悪人を滅ぼすことによらず、罪人を救い出す勝利なのだということです。ここで、「悪人」という表現が「罪人」と言い換えられていることに、お気づきでしょうか。

すなわち、今までに犯された罪を、神は忍耐をもって見のがしておられたが……（ローマ三・二五）

と聖書に書いてあります。こうして、忍耐をもって見のがされたが、もう我慢ができなくなって、人間を罰せられたというのではなく、

神はこのキリストを立てて、その血による、信仰をもって受くべきあがないの供え物とされた（ローマ三・二五）

と言われているのであります。これが、神の忍耐の姿なのであります。もう許せないと言って滅ぼすのではなく、罪人を赦し、救いを与えることによって、救い主となられたのであります。クリスマスの救いも、それであります。そうでなければ、この意味は分らないのです。

ここでパウロの言葉、ローマの信徒への手紙が引用されます。福音書の物語の意味をパウロの言葉で明らかにします。ここで福音のメッセージが届けられます。「神の名による言葉」が語られます。神の謙遜とか、遠慮という表現が、「神の忍耐」という言葉で正確に言い表されます。クリスマスの救いも、罪の赦しの救いなのです。クリスマスが教会の教理のなかで捉えなおされます。教会の教師らしい語り口です。

クリスマスには、大変な危険がありました。身重になったマリヤが、遠いところから旅をして、ベツレヘムに来たのであります。この旅のことだけを考えてみても、クリスマスの神のご計画は、いつどこでくずれるかも知れないようなものであります。身重な婦人の旅、宿がないこと、その上に、ヘロデは、この子を求めて、殺そうとさえしました（マタイ二・一六―一八）。いわば、み子は、人間の敵意と危険の中を、ようやく、地上に辿りついたという様子でありました。

改めて福音書における主イエスの誕生の物語を思い起こします。私が説教を聴聞していた頃も、主イエスが、人間の片手で握り殺せるほどの乳児として生まれてくださったことを、感動を込めて語る言葉をよく聴きました。「人間の敵意と危険の中を、ようやく、地上に辿りついた」という言葉も、文学的で、しかも神学的な響きを持っています。

これは、普通に考えられるような意味での、救い主の誕生とは、おおよそちがったものであったと思います。しかも、このように危険きわまりない方法で、神は、確実に、救いを成就せられたのであります。それは、救いだからであります。審きではないからであります。救うことによって、勝利しようとされたからであります。これが、クリスマスの勝利であり、クリスマスの喜びでありました。

ここで、もう一度、〈神の名による言葉〉が告げられます。クリスマスの勝利宣言です。クリスマスの喜びの告知です。クリスマスに告げられるのは救いの勝利です。審きによる勝利ではありません。

この意味から言えば、クリスマスは、神が地上に橋頭堡をお造りになったと言えます。戦いにおいては、いつでも、敵陣近くに、戦いのための確かな拠点を造らねばなりません。その地点は、敵の銃火にさらされているかも知れませんし、いつ敵に襲われるかも分らないようなところであるかも知れません。しかし、そこが根拠になって、戦いは進められるのであります。したがって、この橋頭堡を造ることが、勝利には、絶対に必要なことになるのであります。クリスマスは、その橋頭堡であります。弱そうに見えるかも知れません。しかし、これができれば、あとは、その勝利を拡げてゆくだけのことであります。

第二段落の結びの言葉は、クリスマスというのは、神の橋頭堡が築かれたことだという言葉です。橋頭堡は、神の言葉の神学が用いた言葉です。説教者の神学的な戦いの姿勢が明示されます。神の戦いは続きます。勝利の戦いが続くのです。ここで第二段落は終わります。

身を危険にさらすような方法で、救い主はこの世に来られました。だれにも知られないような形で、いわば、この世に潜入して来られたのだと言ってもいいと思います。橋頭堡を造ったと言っても、その橋頭堡は、波をかぶり、人びとの中に、埋もれてしまって、まるで見えなくなってしまうような有様でありました。救い主は、こういう形で、お出でになったのであります。人知れずと言うか、人の中に没した形で、救い主が来られたということが、クリスマスの大事なことであります。救い主は、凱旋将軍のように、自分をきわ立たせて見せるような仕方で来られたのではなかったのです。そこに、この救い主の意味がありました。救い主は、人びとと同じ立場に身をおくために来られたのであります。人びとの中にはいって、全く人びとと同じものになり切ろうとしたのであります。他の人を救って、自分も助かるというのではなくて、他の人と全く同じになって、そのために死んで、救いを成就しようというのであります。クリスマスの救い主は、このように、他の人とちがった英雄というものではありません。人間たちと全くちがった方でありながら、罪ある人間と完全にひとつになり、その罪の救いを完全にするために、来られたのであります。

この救い主の救いは、人びとには、簡単には理解されなかったようです。それは、その内容が難しかったからではなく、人間の気がつかない、しかも、もっとも重要な救いであったから、であります。それは、人間を罪から救う救いであったのです。そのためには、こういうクリスマスが必要であったのです。ただ、罪のことなどは、人間は思い上っていて、深く考えようともしませんでした。少なくとも、それが、何よりも重要であるとも思いませんでしたし、まして、その救いが、こういう形で与えられねばならないとは考えても見なかったのであります。そこにも、クリスマスの暗さがあります。

第三段落です。ここで、説教序論で語った、クリスマスの暗さに話題が戻ります。主イエスの誕生は目立たないものでした。神の橋頭堡は、世の波に覆われて見えないような目立たないものでした。そこに神の救い、主イエスの特質があります。主イエスは凱旋将軍ではなかった、と言い切るのです。人間とは全く異なった方でありながら、罪ある人間と全くひとつになり、罪からの救いを完全に果たしてくださるために来られたのです。古代に確立された正統教理、まことの神であり、まことの神の子である方のまことの人間としての来臨、いわゆるキリスト論が語られます。しかも、それと深く結びついて、贖罪の教理が語られます。クリスマスの暗さ、それは、人間が思い上がっていて、自分の罪がわからず、そのために真実の救いがどのようなものであるのか、わからなかったからです。

チャールズ・ディケンズの小説に、『クリスマス・キャロル』というのがあるのは、よく知られています。あの中に、スクルージという意地悪の主人が回心する話が書いてあります。自分の店の使用人に、クリスマスの休みを与えることさえしぶったこの人が、クリスマス・イヴに、夢を見ます。その夢で、彼は、今までの自分の生活を見せつけられ、悔改めて、はれやかな思いでクリスマスの朝を迎えた、と書いてあります。クリスマスには、こういう悔改めが必要なのです。自分の罪を悔いることを知らないと、クリスマスは分らないのであります。罪を悔いて、救われなければ、救い主が何のために来られたかが分らなくなるのであります。クリスマスは、十字架の救いを忘れては、とうてい自分のものにすることができないのであります。

誰もが知っているディゲンズの小説『クリスマス・キャロル』が引用されます。晩年はしなくなったように思いますが、竹森牧師は、誰もがよく知っているような文学作品を、説教の最後で引用することがよくありました。聴き手は、ああ、それなら私も知っている、と思ったものです。ここでは、スクルージーが悔い改めたことを語りつつ、聴き手の悔い改めを求めます。悔い改めこそ、クリスマスに、ふさわしいこころなのです。

ルカによる福音書には、

よく聞きなさい。それと同じように、罪人がひとりでも悔い改めるなら、悔改めを必要としない九九人の正しい人のためにもまさる大きいよろこびが、天にあるであろう（一五・七）

と書いてあります。

クリスマスの夜、天には、不思議な明るさがあったと申しました。それは、天に言いようのない大きな喜びがあったからであります。その喜びは何でしょうか。それは、悔改める罪人のための喜びであります。み子は、罪人を悔改めさせるために出発しようとするのであります。だから、このように明るい大きな喜びが、天にあったのであります。

悔い改めを勧めることで説教が終わってもいいし、そうする説教者も多いでしょう。しかし、この説教者は、ここで改めて天を語ります。不思議な天の明るさが輝いたことから語り始めたのです。そこに戻ります。そして先に言及していたミルトンが語った天のどよめきに対応し、今度はルカによる福音書第一五章が語る、地上の悔い改めが呼び起こす天の喜びを語ります。天使がどよめいてお送りしたみ子は、悔い改めを呼び起こすために来られるのです。そのとき、既に、その喜びが天にあったのだと言い切って終わるのです。

2　マルコによる福音書第一五章三三―四一節

　これは、一九七二年八月六日、日本基督教団吉祥寺教会における説教です。『わが主よ、わが神よ』にも収められています。しかし、ここで扱う原稿は、加藤常昭監修『CDで聴く日本の説教　竹森満佐一』の音声に基づくものです。つまり、実際に語られた言葉です。その意味では、実際に語られた説教に近づくことができます。説教塾紀要「説教」第一七巻で既に、これを取り上げて丁寧に解説しつつ読んでみせています。それを更に本書のために書き直してみました。

　この説教は、説教者は講解説教と呼んでいますが、私の分類では即テキスト説教（textual sermon）です。聖句説教と呼ぶひともあります。三三節以下のテキストを説いているのではなく、三四節が伝える主の十字架の上での叫びだけを説いているのです。そのような短いテキストを説くのを、この名で呼んでおります。テキストを一種の主題として、主題説教のように説いているのです。ですから、参照する聖書テキストは、聖書全体に広く及んでいます。なお旧約聖書として詩篇第二二篇一節から一一節までが、朗読されています。

　主の十字架の叫び、「わが神、わが神、どうしてわたしをお見捨てになったのですか」は、ゴールデン・テキスト（黄金聖句）と呼ばれる聖書テキストのひとつです。キリスト教会の説く福音の中核にある十字架の出来事とは何かを理解するためには、どうしても誰もが、よく聴き取るべきみ言葉です。それを、この説教者が、どう説いているか、どうしても学びたいのです。

聖書の中には、私どもが、たいへん理解しにくい言葉がたくさんあります。その中で、たいへん有名なひとつは、今朝、私どもの礼拝に与えられました、「わが神、わが神、どうしてわたしをお見捨てになったのですか」という、この主イエスが十字架の上で語られたみ言葉であります。主イエスが、私どもの救い主である、ということは、教会が、一番はじめから信じつづけてまいったことであります。そういう救い主でありますがゆえに、いつでもその救い主が、完全に救い主らしいお方で、あるいはそういう力を持ったお方である、というふうに望みますことは、それは当然なことです。そういうことから考えてみますと、十字架の上で、主イエスが「わが神、わが神、どうしてわたしをお見捨てになったのですか」というような、弱音にみえるようなことをはかれたということは、これはなかなか理解ができないことであります。仮に主イエスがその生涯を通して、救いを与えるために、ひとつの目標をもって、十字架に向かっていかれたのであるとするならば、そして、もし避けようと思うならば避けることができる立場にありながら、あえて十字架をおとりになったのであるとするならば、この言葉はそのことがまちがいであったということになるのか、あるいは、そのことに途中で失敗したということになる、というふうにも考えられるわけであります。そういうふうに考えてみますと、いろいろな説明がつきましょうけれども、この言葉は、いかにも、主イエスにふさわしくない、救い主が、救いを全うするということについて、充分だと言えない言葉のように考えられるのであります。

竹森説教の特色のひとつは、その説教の始め方にあります。そこで聴き手の耳をそばだてさせることができたかどうかが問われます。説教の序文というのは、聖書テキスト、あるいは説教の主題と聴き手とを出会わせるための導きとなる言葉です。その意味では、この序文は、必ずしも成功しているとは言えないと私には思えます。「聖書の中には、私どもが、たいへん理解しにくい言葉がたくさんあります」。このような言葉は、この説教者がよく用いる言葉です。今朗読された言葉が、その場ですぐには理解できなかったであろうという指摘です。こういう指摘から説教を始めることは、この説教者のよくすることです。聴き手の無理解や誤解を指摘して、説教で、それを正しいものに変えようとする、カルヴァンに学んだという〈教える説教〉の典型的な形であるとも言えます。説教のひとつの始め方のモデルとなっているのは、ドイツの劇作家ベルト・ブレヒトの言う〈異化作用〉です。聴衆の立つ現実を、改めて異物として体験させ、意識の変革を意図します。同じ効果を狙っているのかもしれません。しかし、説教を否定的な表現から始めるむずかしさが、ここに現れています。必ずしも、聴き手を強く惹きつける言葉とはならないからです。

この説教者の言葉は、聖書学者として、十字架を重んじなくなっている類の、現代の聖書学の傾向に対する批判を意味すると理解するひともあります。なるほど、そうかもしれません。しかし、それならば、冒頭で「私ども」と語り始めるでしょうか。日本語で説教を語るとき、第二人称の代名詞を用いにくいのは、われわれ説教者の共通の体験です。竹森の「私ども」は、聴き手を意味する第二人称であることが多いでしょう。ここでの「私ども」が、いつも説教を聴いている礼拝出席者、しかもキリスト者を意味すると考えるべきでしょう。聖書学の傾向に関心を持つひともあるでしょうが、そのような問題を説教で論じるほどではないでしょう。それならば、こう考えることもできるかもしれません。聴き手にとって、今主題となっている主の十字架上の叫びは、説教者が「有名」と言うように、よく知られているものではあるでしょう。問題は、聴き手が「たいへん理解しにくい」と思っているであろうか、ということです。案外、主イエスの代表的な言葉として、しかもわれわれのための主の十字架の苦しみを言い表すものとしてよく理解しているつもりになっているのではないでしょうか。問題は、その十字架理解がいかなるものであるか、ということです。十字架の主の痛ましさを意味し、われわれの同情を誘う叫びだと理解することは、キリスト者でなくてもできることです。キリスト者であっても、これから説教で語られるような説教者の十字架理解に達しているかどうか。説教者は、そうは思っていないのではないでしょうか。そこで十字架の理解しにくさを強調してみせることによって、これからの説教を聴く聴き手の姿勢を整えることが説教への導入の課題となると考えたのではないでしょうか。主イエスの叫びの真意を悟らせ、そのことによって主の福音の真髄に至らせようとする説教者の課題が、ここに見えてくると思います。
ついでに言うと、説教者が言う「理解しにくい」というのは、どういうことか。よくわかりません。まず何よりも、「完全な」救い主であるはずの主イエスが「弱音」と見える言葉を吐かれたのは矛盾しているということのようです。ここに説教の主題が裏返しで示されているとも言えます。説教者は聴き手に尋ねています。あなたがたには、このことが理解できますか。この叫びに、完全な救い主イエスの言葉を聴き取っていますか。「仮に」以下の文意もわかりにくいと思います。特にこれを耳で聞いていたら、一層わかりにくいでしょう。ここでは、聖書学者の理解を示しているのでしょうか。近代になって試みられるようになった、ヒューマニズムの視点からの〈イエス伝〉的理解の挫折を言おうとしているのでしょうか。十字架を最初から目指した救い主イエスがおられた。だからこそ、十字架をご自身で避けることができたはずなのに、ご自身で選択して十字架につけられた。それなら、十字架の叫びはむしろ勝利の言葉であってよいではないか。それなのに、この絶望の叫びをあげられるということは、十字架による救いは失敗したことなのか。これを問いたいのでしょう。聴き手の言葉を聞きたいのでしょう。こういう問いは、もっとエックスプリシットに、はっきり言葉に出して語ってもよかったのではないでしょうか。いずれにせよ、ここは一般の聴き手には届いていない言葉があるように思われます。「いろいろな説明」以下の文章も簡潔すぎると思います。

四つの福音書の中には、主イエスの大事なみ言葉と思われるようなことは、たいていその四つに出てまいる場合があります。ことに、この苦難のところなどにはよく似た記事があるものですが、この言葉、このみ言葉は、これはマタイとマルコにはありますけれども、ルカにもヨハネにも出てこない。そこである人びとは、これは、最初の教会が、何とかしてこの言葉を避けようとしたんじゃないだろうか、だからマタイやマルコは書いたけれどもルカやヨハネはそれを書こうとしなかったんじゃないか、というふうにさえ言うのであります。そういうふうに、この言葉が、たいへんに分りにくいということは、これは言ってみれば私どもが、人間の立場から考えて、分りにくいということであるにちがいありませんが、しかし、それだけに、このみ言葉が持っております重さといいますか、その重要さというものを、われわれはたびたび考えなおす必要があるんじゃないかと思います。

序論の第二部が続きます。この聖書の言葉との出会いにくさの説明が続くのです。理解しにくさにまだこだわっています。この叙述はふたつに分かれます。まずひとつは、マルコによる福音書、つまり最古の福音書に既に記してあったのであり、マタイによる福音書は、これをそのまま受け入れた。しかし、ルカやヨハネは、これを拒否したように思われる。それは、最初の教会にこれを拒否する姿勢があったのではないか、ということです。明らかに聖書学者の議論です。だが一般にそう考えてしまうひともあるでしょう。だが、それは「人間の立場から考えて」いるからわかりにくいということであるに違いないと断定します。それだけ、「神の立場」から捉え直すと、かえって、この言葉の重量がはかれるのではないか、と問い直します。間接的に説教の主題の提示がなされているとも言えます。

もうひとつ考えられますことは、さきほど読みましたところでお分りになりますように、これは、詩篇の二二篇の一番はじめの言葉であります。そうすると、主イエスは、ここで詩篇を口誦まれたのだ、というふうに説明する人もあります。いろいろな説明がありますけれど、何がいったい、どういうふうに私どもはこれを読んだら、ほんとうに、主イエス・キリストのみ心を明らかに知ることができるか、それが困難なことであればあるだけ、われわれは、たびたび、また、思いを新たにして、これを読む必要があるのではないか、と思うのです。

もうひとつは、主イエスが詩編第二二篇を祈られたのであり、この詩編は、完全な絶望を意味する叫びではなかったということを手掛かりにする理解です。主は、その信頼の歌の冒頭の聖句を口にされたのであり、詩編全体を意味する発言であったとします。しかし、それに言及しながら、説教者は、単純に、その理解を取るようなことはしない、と言っているようです。

そこで「思いを新たにして」、これを「読む必要」があると言います。その思いを新たにした「読み方」をするのが、この説教の課題であるというのです。こうして、この説教の課題を明確にしています。

ついでに言いますと、竹森牧師は、教会員とともに聖書を「読む」という姿勢が強いと思います。教会員は、必ず「自分の」聖書を礼拝に持参することを求めました。それを共に「読む」のです。共に開いている聖書テキスト、しかも、特に難解なテキストを読み解いてみせるのです。聖書の教師としての説教者の姿勢が表れています。多くの説教者の共有する姿勢かもしれません。この点では、先に指摘した、カルヴァンによる説教理解、神の言葉は、語られる言葉、聴く言葉だという説教理解にいささか矛盾するところがあるようにも思います。カルヴァンの説教の聴き手は、聖書を持参することはなかったのではないでしょうか。礼拝では聖書を共に読むという姿勢は日本の牧師、信徒に多く見られる共通のことでしょう。

ここに、まず、「わが神、わが神、どうしてわたくしをお見捨てになりましたか」と、一番はじめに、わが神、という言葉が二度続けて書かれています。これは、今申したように詩篇の中の言葉であるにちがいありませんけれど、それにしても、なぜ、「わが神、わが神」、と二度続けて言われたか、ということであります。今読みましたところのはじめをごらんになりますと、昼の十二時になると、全地は暗くなって、三時に及んだ、とある。そして、三時に、イエスが大声で、これを言われた、とこういうふうに書いてあります。そうすると、少なくとも、ここに書いてありますことは、三時間の間、主イエスが、十字架の上で、何も仰せにならなかったのに、三時になった時に、「わが神、わが神」、というふうに呼ばれたということであります。

考えてみますと、このまわりには、十字架のまわりには、大ぜいの人がいるんです。したがって、少し豪気な人であったり、少し気丈な人でありましたならば、辛くたって、こんな弱音にとられそうな、卑怯な言葉に取られそうな、あるいは弱虫のように思われそうなことは、歯を喰いしばっても言わない、というふうに、私どもなら感じるのであるかもしれない。しかし、ここには、三時間の間の沈黙がありまして、そしてその三時間の「後で」、主イエスがこのみ言葉を言われた。このことがたいへんに大事なことであるように思われるのであります。この前の時にも、主イエスがその受難の事件の間、何も仰せにならなかった、あまり自分について説明をしたり、弁解をしたりなさらなかった、ということを読んでまいりましたけれども、じつは、十字架の上の三時間はそれの継続であったわけですよ。しかしことに、十字架の上の苦しみの三時間の間に、黙っておられたというのは、いったい主は何をしておられたか、ということであります。主イエスが黙っておられたということは、ただ、無心に、頭の中が空っぽになってたということではないでありましょう。そうではなくて、主イエスが、その三時間の間、少なくともその三時間の間、苦闘しておられたのだということは、これはだれにでも、明らかなことでありますし、そしてその最後に、この言葉が出てきた、ということができるでありましょう。

主イエスの苦闘っていうものは、いったい何なのだろうか。それは、ここに、語られましたこの言葉が、祈りであることからも明らかでありますように、じつは、この三時間の間、主イエスが祈りつづけておられただろうということは、われわれが容易に想像できることであり、この想像は、おそらく、絶対に、まちがいがないだろう、と思います。主イエスが、そのご生涯において、たびたび、祈りをされたということは、だれでも、よく知っていることですが、それならば、主イエスが沈黙しておられた時に、人の前では言葉を出されなかった時に、主イエスの心の中では、神に対して絶えざる言葉をつづけて語っておられたということが分ると思うのであります。それが、じつは、最後に、この言葉になって出てきたのです。したがって、この言葉の意味を考える前に、三時間の間、主イエスが十字架の上で祈りつづけておられて、そして最後に、絶叫するように、やっぱり祈りをなさったということ、そのことが私どもにとってたいへん大事なことではないかと思います。

ここから、明らかに本論に入ります。この説教も本論は三つに分かれます。論理の演繹的な展開を意味するスリーポイントの構造ではないと思います。むしろ、一種の帰納的な論理の進め方をしています。説教者自身が進める論理を一緒に辿ってもらうことによって納得してもらうための論理構造です。しかし、そこで辿るのは、聴き手の現実を出発点とする考察ではありません。福音書の叙述を辿りながら、十字架から始めて、福音書を逆に読んでいきます。その際、それほど、多くの聖書の言葉を積み重ねるのではありません。そこでは説教者自身が言うように「想像する」ことが大切です。絶対に間違いのない想像をする、と断言しています。聖書の言葉を手掛かりに主イエスについて想像します。主イエスのイメージが生まれ、それを追います。主イエスの内面にまで踏み込んでいるようにも思います。この想像ができないひとは、この説教を理解することができなくなり、取り残されてしまうかもしれません。『わが主よ、わが神よ』という説教集は、こうした説教者の想像力から生まれた、イメージ豊かな、福音的な、説教による〈イエス伝〉とも言えます。近代神学を背景とする数多いイエス伝研究に対抗するものとさえ言えます。「じつは」という言葉が繰り返されます。救い主に対する信仰が生む想像力が知る本当の主イエスの現実は「じつは」こうであった、と救い主イエスの秘密を明かして聴かせる言葉です。この説教者らしい言葉です。

本論の最初に、「わが神」という言葉が二度も繰り返されたのはなぜかが問われます。これはここではいささかわかりにくい問いです。しかし、説教全体を貫いて、説教者が常に意識することです。この説教者は、問いを投げかけては聴き手とともに、その答えを求めるという方法を取ることが多いと思います。何度も言いますが、対話的な方法であり、パウロもよく用いたものです。ここでは、いかなる答えを求めたのでしょうか。神を呼ぶ回数が問題ではなくて、二度も神を呼ばれた叫びが、どこから出たかを問うものであるようです。次に続く、周囲の人間についての言及も、あとの叙述を強化するためのものであって、さして意味を持ちません。いきなり、その次の叙述から始めてもよかったと思われます。説教者がここで中心主題として丁寧に説くのは、主イエスが十字架の上で三時間の沈黙を続けられたことです。この「沈黙」は、この説教に先立つ説教の主題でもありました。クリスマスの説教でも神の沈黙が語られました。この説教者のひとつの関心事であったのでしょうか。周囲がどうであろうと、それにどう応えるかは主イエスの関心事ではありませんでした。主イエスは、ひたすら、神を呼び続ける祈りに集中され、その結果生まれた人間に対する無言の状態であったのです。この主イエスの祈りの苦闘が、非常に大切なのである。人間には沈黙と思われるところで、神は、主は、どれほど集中することがあったか。そこに神の秘密があります。福音を説く多くの言葉を語られた主イエスが受苦の間、沈黙を守られたということは、受難のイエスを理解するときのひとつの重要な鍵のようです。この説教者は、そこに単なる受身の主ではなく、積極的に祈り続けられた主を見るのです。これも信仰の生むイメージであり、信仰の想像力を掻き立てることです。

教会には、私どもと同じような系統の教会には、ウェストミンスターの信仰告白というのがあります。これはいつでも日本のある教会では、それをたいへん大事にするんですが、そのウェストミンスターの信仰告白ができましたときに、あるひとりの、それに参加しておりました、たいへんにすぐれた指導者が、その会議のあとで、その人の前に置いてありました紙に、いろいろなことがいっぱい書いてありました。何が書いてあるのかと思ってある人が見ましたらば、「神よ、光を与え給え、神よ、光を与え給え」、というその同じ句が何べんとなく書き綴られていたというのであります。会議でありますから、みんなが、いろいろ話をする。そしてその人もきっと話をしたに違いない。だがその人が口でもって祈りをする暇はなかったでありましょう。そういうことはゆるされなかったでしょうし、また、心の中で静かに祈っているという暇もなかったでありましょう。彼は、手でもって祈ってた、ということが言えるんでありましょう。鉛筆でもって、「神よ、私どもに光を与えたまえ」、と祈りを書き綴っていたというのであります。

ここに一種の〈例話〉が語られます。キリスト者の伝記的エピソードと言えます。本来、竹森牧師は、この種の話をするのが好きでした。われわれも楽しみにしていました。しかし、晩年は、ほとんどしなくなったようで残念です。これも説教を無用にはなやかにするものと考えられたのでしょうか。「心の中で静かに祈っている暇もなかった」というのは、ウェストミンスター会議が、それほど緊迫した状況にあったということでしょう。そこで祈る祈りは、「光を！」という祈りに集中していました。なぜ、ここで突然こんなエピソードを語ったのでしょうか。ここでも、われわれならもっと詳細に説明するところであろうが、それをしないまま語られます。読む者悟れ！　という趣があります。おそらく、苦難のキリストが沈黙のなかでひたすら神の名を呼び続けられたということは、闇黒の闇のなかで真実の光を求め続けられたということであるということなのです。ふたつのひたすらな祈りの間にアナロギーを見るのです十字架の上で苦しみつづけられた主イエスは、いろいろなことについて思い悩んだり、たいへんいろいろなことについて後悔を繰りかえされたりしたはずはないのであります。そうではなくていつものような祈りを、ご自分の使命のために、人びとの救いのために、自分のお弟子たちのために、主イエスは祈りをつづけられ、そしてその最後に、「わが神、わが神」と言って、この祈りが出てきた、と言って差し支えないのであります。私どもは、主イエスの十字架は、たいへんに大事な、そして、大きな出来事であるということはよく知っていますけれど、それが、主イエスのご生涯と切りはなされがちでありますけれど、いろいろな意味で主イエスのご生涯と、十字架とは、結びついておりますけれども、何よりも、この祈りにおいて、結びつけられており、そして、ここに、この祈りが、出てきたことを、きっときっと知る必要があると思います。そういう意味で、主イエスの十字架をわれわれが信じることは、それは、われわれが主の十字架によって守られているということ、すなわち、主の十字架の上の祈りによって守られていることであり、主が十字架の上でも繰りかえし、繰りかえしつづけられたその祈りが、私どもの救いの力になっていると、それをわれわれは忘れてはならないと思います。

祈り続ける主イエスのイメージをこころに刻み込むように語ったところで、その祈りが、神の名を二度も呼ぶ祈りに極まったと言います。だから、この十字架を、主のご生涯から切り離すことがあるが、それは間違いだと指摘します。ここでわれわれがすぐ思い起こすのは、竹森が訳出したハイデルベルク信仰問答問三七です。そこでは、使徒信条の「ポンテオ・ピラトのもとに苦しみを受け」を、外国語ではまず最初に「苦しみを受け」（passus）と告白するのです。信仰問答は、それを受け、まず口にする「苦しみを受け」と告白するのを、主が「ご生涯（のすべての時［加藤補足］）において」、「全人類の罪に対する神の怒りを、身と魂とをもって受け」られた苦しみを意味するとして告白しているのだ、と言います。そのような理解が、ここではっきり語られています。ここで〈イエス伝〉の福音的理解を明示したのです。一筋に、生涯を通じてひたすら祈り続ける主イエスのお姿が浮かび上がります。この説教者は、ひたすら、それを描き続けるのです。

このことを確認した上で、「われわれ」、つまり、説教者を含む聴き手に言及します。われわれが主の十字架を信じるということは、十字架によって守られているということを信じるということであり、それは、もっと丁寧に言うと十字架上の祈りが、われわれを守り、救いの力になっているということを信じるということです。ここに、理解しにくかった祈りの輪郭が明確になる道が拓かれます。このような論旨の展開が、この説教者の特質となっています。想像力による理解を求める語り口がありますす。主のお姿とともに〈救いの道〉が見えてきます。この想像力を持たない者は、説教を理解することはできないかもしれません。時々、竹森牧師の説教は難解だというひとがありますが、そのひとの想像力欠如によるのかもしれません。

ここで本論第一段落が終わります。この説教者は、本論を三区分で語るとき、それをひとつのメッセージを語ることで終えることが多いのですが、そこで〈神の名による言葉〉が語られるのです。

さてそのように考えてまいりますと、すぐに気がつきますことや、思い出されますことが、いくつかあります。そのひとつは、荒野の誘惑の経験であり、もうひとつは、ゲッセマネの園における、主のあの御苦しみであります。そしてこの二つがこの祈りと大へんよく似ていることが、すぐに分るでありましょう。荒野でもって四十日の間、断食されて、そして、悪魔の誘惑に会われたこと、悪魔とのやりとりだけが聖書の中に書き記されておりますけれど、悪魔っていうものが目の前にあらわれてきたのか、悪魔っていうものがどんな格好をしているかというようなことは、何も考えては、書かれてはおりません。あるいは、主イエスが、四十日四十夜の間、断食して、そして、祈りつづけておられた時に、その祈りの中で、悪魔と戦われたということのほうが、どうもほんとうのことであるかもしれません。われわれも、また、祈りの中で、悪魔の誘惑を、じつにいたいほどに、感じることが、しばしばあるでありましょう。主イエスの場合には、もっと強烈な悪魔の誘惑が、祈りをつづけ、断食して祈りをつづけておられる時に迫ってきたのであるにちがいないと思います。そしてそれと戦って、あの三つの誘惑、それに対する答え、そういうことが起こってきたのであるにちがいありません。

　さてそこで、本論の第二段階に入ります。この十字架上の祈りのパースペクティヴにおいて、主イエスのご生涯を「祈りの生涯」として回顧します。捉え直します。そこで思い起こされるのは、ご生涯の最初、いわゆる公生涯の出発に先立つ「荒れ野の誘惑」であり、またご生涯の最後における「ゲツセマネの祈り」です（ちなみに、竹森牧師は説教では「ゲッセマネ」と発音していました）。このふたつの出来事に囲まれる主のご生涯全体を、このパースペクティヴで捉えることを示唆していることは、もちろんです。荒れ野の誘惑を、主が、祈りにおいて体験されたことだと理解します。悪魔の姿はわからないが、祈りにおいて悪魔の現実と向かい合われたのだと言うのです。この救い主として主イエスが体験されたことは、われわれも身にしみて痛いと感じるほどの現実なのです。ここでは、主イエスとわれわれとが見事に重なり合います。こういう表現の背後には、説教者自身の祈りの体験があるに違いないと思います。私が、竹森牧師の説教を聴きながら、「この牧師は祈りをし続けるひとだ」とよく思ったのは、たとえば、こういう言葉を聴いたときです。「三つの誘惑」も祈りにおいて知る誘惑なのです。

　それならば、十字架上と同じように、すでにその最初に、主イエスは、荒野における祈りの生活から、そのご生涯をおはじめになったということができるでありましょう。そしてこの十字架の直前に、私どもがすでに読みましたように、ゲッセマネの園における主の祈り、がありますことはいうまでもありません。そのゲッセマネの祈りは、正にこの十字架上の祈りと、たいへんによく似ている、のであります。「もしできるならば、この杯をわたしから取っていただきたい」、というふうに祈られた主、そして今ここで、「なぜわたしをお見捨てになったのですか」、というふうに祈られた、この主のみ言葉が、どんなに似ているか、だれにでも、すぐ分ることであります。そうしますと、荒野の誘惑から、この十字架上のこの言葉まで主イエスの一貫した態度は、神との間に、祈りですから、神との間に、ご自分の立場を決め、あるいは、ご自分の使命を明らかにし、そして神のみ心に従おうとする戦い、であったと言うことができるだろうと思います。み心がなされますように、ということ、それはゲッセマネの園の祈りでもそうでありましたし、わたしの願いではなくて、み心がなされますように、というふうに祈られましたし、弟子たちに教えられた主の祈りもまたそうであります。ですから、神にほんとうに従うために、人となられました主イエスが、どんな戦いをされたか、そしてそれがまさに、私どもの戦いでもあり、私ども毎日の戦いであり、したがって、十字架の上で、こんなに祈りをされた主イエス、その主イエスが、われわれの大きな慰めであることは、これはいうまでもないと思うのであります。

本論の第二段階のここで、説教はひとつの頂点に達します。ちょうど説教のまんなかぐらいです。「荒れ荒れ野の誘惑、それはすぐにゲツセマネの祈りに連なり、更に十字架の祈りに戻ってきます。

野の誘惑から」から、この段落の最後までは、「神の名による言葉」と言えるでしょう。説教全体の中心でもあります。主が祈りによって形成されたご生涯は、主が教えてくださった「主の祈り」にも直結します。しかも、そのなかでも「みこころがなりますように」という一句に集中します。それは、その神のみこころに自分が従うという意味をも持っています。まさにカルヴァン以来の改革派の信仰告白の真髄が語られているのです。そこに主の戦いも集中し、われわれの「毎日の戦い」とも連なることになります。われわれも毎日みこころに従う戦いをするのです。その戦うわれわれを慰めてくださるのが、まさに、この十字架の祈りなのです。こうして無力に思えた主の十字架が発揮する慰めの力が語られるのです。

ですけれどもその主イエスのこの祈りの主題は、いったい何だったたんだろうか。これを知ることは、別にむつかしくない、と思います。それは、いうまでもなく、十字架の上の死、であります。いよいよ死ぬということであります。どうして、「わたしをお見捨てになったのですか」、ということのひとつの意味、あるいはいちばん大事な意味は、自分が死ななければならないということ、でありましょう。ここに心ない人々がそばにおりまして、「エロイ、エロイ」、というのは、マタイの方をごらんになるとわかりますように、ちょっとちがう言葉では、「エリ、エリ」となっています。それがエリヤだというふうに聞きとられて、そして、エリヤが、助けにくるにちがいない、とこう言った、というのであります。いや、エリヤが助けにくるから、それを、待っててみようじゃないか、と言ったらしいのであります。ということは、主イエスのみ心のうちにも、主イエスのお考えのうちにも、最後の最後に至って、神が特別な、別な救いの道があるということも考えられるということが、人々も予想したでありましょうし、あるいは主イエスのみ心のうちにもあったのであるかもしれません。服従の最後は、一体、何だろうか。神に従うこと、神のみ心にほんとうに従うっていうことは、主イエスの場合でも、私どもの場合でも、最後は、死にまでいたることだ、と思うのであります。ですけれども、ここでは、主イエスが、ただ神のみ心にしたがって、死にまで至られる、というだけではなくて、人びとのために、あえてこの道を選ばれて、死につかれようとしておられるのであります。したがって、自分のほんとうの、自分のいま、自分の事柄として、死がここに非常に明らかに出てきた、と言えるのではないか、と思います。死に臨んですべての人が感じますこと、私どもはただ想像するだけでありますけれど、いちばん想像できますことは、それはすべての死が、その死の怖ろしさは、神から見捨てられた、というふうに感じられることではないか、と思うんです。苦しみもありましょうし、いろいろなほかの、私どもはたとえば、この世に対するいろいろな気持でありますとか、親しい者との別れとか、いろいろなことがあるだろうと思いますけれども、しかし、何を願っても、何をどうしても成就されない最後のことは、それは自分が神から見捨てられたのではないか、ということであります。したがって、どうして、わたしをお見捨てになったのですか、ということは、じつは、死というものが、どういうものか、今、自分が、すべての罪人のために経験しておられる死っていうものは、何か、ということを、一番はっきりとあらわされたものである、と言うことができるだろうと思います。

竹森満佐一の説教は教理的です。はっきり、その意図があります。まさにその意味で神学的です。その典型的な展開がここから始まります。神のみこころに従うということは、死に至るまで、お従いするということです。ところが、そこで、われわれが死に直面したところで現れてくるのは、死の現実です。この死は無色の死ではありません。ただ単に人間が滅びること、自分が地上から姿を消すというところで問われてはいません。自分が無になるから恐ろしいというようなことではありません。罪人としての死です。罪人は神から見捨てられます。神に捨てられた者としての死を死ぬのです。だがわれわれが、この死のほんとうの恐ろしさを知ることはありません。罪人は、自分の死の真相も知ることはなく、恐れることはありません。「すべての罪人のために経験する死」として、主イエスが知られたのは、その死の真相です。主だけが知る真相であり、そのための恐れです。主の叫びは、それを「一番はっきりとあらわされた」ものなのです。ここにも〈名による言葉〉が語られます。人間が死ぬということが、この主の叫びにおいて真相を現したのです。先に続き、説教の高い調子は続きます。私の先生であったルードルフ・ボーレン教授は、ホーホシュプラーへ（die Hochsprache）という言葉をよく用いました。「標準語」と訳される言葉ですが、「高次元の言葉」とも訳せます。説教には、そのように高次元の言葉が不可欠で、それが説教を説教たらしめるのです。ここでは、まさにそのような高次元の言葉が語られています。竹森牧師は、そのような高次元の言葉を語り得るひとでした。

われわれは、この世に、いろいろな望みを、失うことがあります。自分が信じていた者から裏切られたとか、あるいは、自分が愛している者から愛されないとか、いろいろなことが起こってくるだろうと思います。そういうことが、時としてはそのために死ぬ人もありますけれども、大部分の人は、そういうことでは、ほんとうの絶望はないということを知っています。ですけれども、ほんとうの意味で、神から見捨てられたということは分りません。ただわれわれが、自分のしたいこと、自分にしてほしいことが成就しないからというだけでなくて、ほんとうに見捨てられたということが分りましたときに、そのときにはほんとうの死の怖しさが分ってくるのではないでしょうか。人間の死をわれわれが見ておりまして、命が去ってまいりますときに、この命を、つなぎ止めようとする努力を見ておりまして、死のおそろしさ、死のきびしさというか、死の力強さっていうものがある。そしてそれは、まったく人間の手から離れた、ただ、神だけが、支配なさるものであることが、感じさせられ、そしてもし、ただ死のそういう方面だけを見ていれば、われわれは、その死に対して、おそらく一番怖しいことは、神から見捨てられたという気持ちになることではないかと思います。死だけが私どもにそう思わせるのではなくて、死がそういうふうなほんとうに絶望的な怖しさを与えるのは、それは私どもの死がいつでも罪と結びついているからであります。

この段落と次の段落は、分けて記録されていますが、実際はひとつのものです。ここで、本論の中心部とも言うべきものが、説くべきことを説き尽くし、一段落します。ここですぐわかるのは、これまでと違い、「われわれ」の罪に直接言及し始めます。神なき者としての死、それこそ真実の「絶望」です。死は力強いものです。神のみが、その死を支配することがおできになります。だが、まさにそこで、われわれは自分が神から捨てられていることを知ります。それこそが、死を「絶望的な死」として知ることなのです。この段落の最後の叙述は、われわれの死の経験を経験として語る言葉です。背景にあるのは、説教者自身の死の経験ではないかと思います。死の「恐ろしさ」を真実に知る者の言葉です。「私どもの死」として語り得る言葉です。言うまでもありませんが、ここで語られているのは、死をめぐる一般的とも言える実存的考察、神学的考察であるようですが、実際にしているのは、主イエスの十字架における絶望の祈りとも見える祈りの考察なのです。深い十字架の黙想の言葉をここに聴くのです。

私どもは、自分の死に際して、神の助けを求め、神に、神にかえりみていただきたいと思うときに、神からかえりみていただける自信がないからであります。われわれの罪のゆえに、つまり、自分たちの罪のゆえに、神の恵みを確信することができないからであります。神が自分のほうを向いてくださるように思えないからではないかと思います。「わが神、わが神、どうしてわたしをお見捨てになったのですか」。そして、どうして、と言いますが、じつは自分には分かっている。それは、自分の罪のせいであって、自分が神からかえりみられる自信がないということではないのか、そういうことではないかと思うのです。そういう意味で、主イエスのこの十字架のみ苦しみ、そして、この十字架上の祈りが、こういう言葉になって表れてきたということは、十字架において救い主が、わたしどもの救い主が、経験なさらねばならなかったことが、何であったか、ということをいちばんよく示しており、そして、それを、主は、ただこのひと言だけではなくて、十字架の上に生きておられる限り、神の前に、祈り戦っておられたのではないか、ということができると思います。

前段で述べたように、聴く者は、われわれ人間の死の根元体験が語られていると聴いているかもしれません。しかし、聴き耳をたてて聴いていると、説教者は、主イエスの十字架体験として死の体験を語っているのがわかってきます。われわれには、死に直面して神を呼んでも、神が振り向いてくださる確信がありません。「自信」がありません。典型的な罪人の体験ではないのでしょうか。そう思っていると、主イエスの十字架の叫びが、その確信、自信を失った罪人の叫びそのものであったと言うのです。われわれですと、ここでいろいろ説明をするかもしれません。キリスト論的な説明をしたくなります。「まことのひと」となられた主イエスのことを説明したくなるのです。だが、この説教者は、主イエスの十字架のみ苦しみを、まるで自分がよく知っているかのように語ります。かつて、私が東京神学大学学生であったとき、平賀徳造教授が、ゴールデンテキストの説教を安易にすることがないようにと説いたことがあります。誰もが知っている聖書の真理の代表的な表現である聖書テキストのことです。その代表的なテキストとして、この主の叫びを挙げました。そして、高倉徳太郎の説教「荘厳なる神秘」のように説くことができなければ、安易に説くな、と言われたのです。いつも忘れない、その言葉をここで思い起こします。竹森満佐一は、それをよく心得ていたと思います。

そしてその次には、今度は、主イエスが、「わが神、わが神」と仰せになりましたように、主イエスのこのみ言葉を聞きながら、われわれが今度は「わが神、わが神」という番であります。じつは、われわれ自身が神に対して「わが神、わが神」と言いえなければ、じつはこの主イエスのこのみ苦しみの意味は結局は分からない、主イエスはただそこで、人のために、ただこういう苦しみをしていらっしゃる、ということを、それを見つめているんでは仕方がないんで、それが、われわれ自身のためであることが分ってこなければ、このことの内容は、ほんとうには私どもには理解されない、と思うのです。そのことについて、私どもはパウロが教えてくれた言葉を思い出さなければならないと思うんです。コリント人への第二の手紙の五章の二一節であります。五章のいちばん終わり、二八三ページであります。二八三ページの上の段の一番最後のところから、「神はわたしたちの罪のために、罪を知らないかたを罪とされた。それは、わたしたちが、彼にあって神の義となるためなのである」というところであります。

本論の第三段落に入っています。ここで改めて言います。主の叫びを自分の叫びとすることができなければ、この叫びの意味を理解することはできない、と言うのです。説教冒頭で、この叫びの理解しにくさをまず語っておりましたが、それを思い起こします。「ただ見つめている」だけでは、「仕方がない」とまで言います。案外、多くの聴き手が、そのように十字架を見つめているだけなのではないかと思い知らされます。主の叫びを熱心に聴くだけでも足りません。これが「われわれ自身のため」であると知らなければならないのです。「ために」というのは、「われわれに代わって」という意味を持ちます。英語の for という言葉でもそうです。既に説教者は、そのところに立っています。しかし、聴き手を自分が立つところに明確に共に立たせるために、コリントの信徒への手紙二第五章を引用します。そして、しばらく、このパウロの言葉を手掛かりに説き明かしを続けます。ここから、福音書とパウロ書簡とを重ねて説くのです。得意の演繹的な仕方で、教理的な論理を重ねていくのです。きちんと論旨は整理されています。パウロによる十字架の出来事の解釈が語られますが、問いとして突きつけられている十字架の叫びに、使徒パウロが答えているとも言えます。ここでは、聖書のページ数まで挙げて、聴き手がテキストを開くのを求めています。み言葉をしっかりこころに留めてほしいのです。

まず、第一に、私どもは、ここで、神に主イエスが、「わが神、わが神」、と呼んでおられますけれども、このパウロが申しております答え、この言葉は、それに対するひとつの答えであった、ということができるだろうと思います。したがって、「わが神、わが神」、と呼んでおります、主のみ言葉に対して、まず「神は」といって答えているんです。「神は」、わたくしたちの罪のために、罪を知らない方を、こういうふうにいうのです。つまり、主イエスが、祈り求めて、できれば、避けたいと願いながら祈り求めたこのことは、主イエス、ご自身も、よく知っておられたように、これは神のみ業だったということです。神のご計画であったということであります。もし、これが、神のご計画でなくて、主イエスがたまたま、十字架につけられ、あるいは、ポンテオ・ピラトのただ気まぐれでもって、十字架につけられ、あるいは、ユダヤ人たちの誤解から、十字架につけられたということであったならば、この主のみ言葉は、こういうふうな形では出てこない、と思うのであります。そうではなくて、これは、神のご計画であって、したがって、神が、そのみ子を十字架につけようと考えてらした、そのご計画の中に、主イエスがおられて、そして主イエスご自身が、それを知っておられて、その神のみ心に従おうとされたというのであります。したがって、はじめからしまいまで、荒野の誘惑からこの最後のところまで、主イエスが苦しまれた一番大きなことは、それは、この神のみ心を、どういうふうにして成就するか、ということです。神のご計画、つまり、神が人を救おうとなさる、そのみ心を、どういうふうにしたら、成就することができるか、ということです。神が、私どもを救うために、私どもの罪のために、であります。それに、必要なこと、そして、それに、一番大事なことは、何か、ということを、主は、知っておられたのです。そして、そういう神のご要求、神のお求めになることを、成就しようとなさる上に、この事柄は大へん深刻だったのであります。人間の計画や人間の悩みも、ずいぶん深刻ですけれども、人間の考えていることとはちがって、ここでは、どうしても動かすことができない、そして、人間のいちばん大事なところ、一番深いところにまで及ぶ、そういうご計画をもって、神がなさる、そのご計画が、成就するために、このことが、行われたということであります。

ここで説教が最も深いところに達します。録音で聴いておりましても、語り方は、ここで最高潮となり、独特の緊張した発声で語られます。聴き手もこころ揺さぶられる思いで聴いたひとが多かったでしょう。主が「わが神」と二度も呼ばれたということがなぜであったか、改めて説き明かされます。この主の叫びにパウロが答えていると言うのです。この部分は、キリストの救いを語る、教会の教えの中核、教理の中核にあることを説く言葉として、われわれがよく学ぶべきところであるとも思います。教理を聖書の言葉で説いているのです。聖書の構造を明らかにしつつ説いています。主イエスとパウロとの関わりで説いています。即テキスト説教の方法の特質が最もよく表れているところです。

神という主体が浮かび上がります。神の計画が、すべての背後にあると明かされます。この計画を進められる神のご意思がここにあったと明らかにされます。荒れ野の誘惑に始まる主の全生涯が、このみこころに従い、神の救いの計画の成就のために尽くされたことが明かされます。人間のどのように深刻なことよりも深刻で、一番深いところまで届く神の計画が、ここに成就するのです。説教者は、このように福音の深さを明らかにしているのです。

したがって、そのつぎにパウロは、ここで申しましたように、「わたしたちの罪のために、罪を知らないかたを罪とされた」ということであります。罪を知らない方が罪とされた。主イエスの十字架の御苦しみの一番大事なことは、それは、罪を知らない主イエスが十字架につけられたということ、それは、われわれの方から言うならば、われわれの身代りについてくださった主イエス、ということであります。罪を知らない方を、罪とされた、と言いますけれど、罪を知らない方以外には、この業をしうる者は、だれもないのであります。そのほかの、だれがしてくれても、われわれのために、われわれの身代りになってくださるということは、できなかったのであります。パウロはそういうふうに、これを解釈しました。そして、主イエスはそれを、承知しておられて、したがって、それが、どんな困難な道であり、どんなにむつかしい道であっても、罪を持っている罪人のために、罪を知らない者として、自分ひとりができること、自分ひとりの、だれにもできないこととして、主イエスはこの道を選ばれ、この苦しみに会われたのであります。

ここで示されるのは、パウロの十字架解釈です。そして、説教者が示唆しているのは、神学ないし説教の役目は、このように十字架を解釈し、十字架を高く掲げることであるということです。その中核にあるのは、罪を知らない方が罪人の代わりに死んでくださったという事実です。これは主イエスにとっても、とても困難なことでした。むつかしいことでした。このように語ることにより、竹森牧師は、うっかりすると主イエスにとって、これらのことはもっと軽やかなものであるとしてしまいがちな軽率な理解と向かい合っていると言えるでしょう。

したがって、もし個人的なことから言うならば、この苦しみから逃れたい、と思われた、ということは、それは、われわれのねがうようなねがいであったでしょうし、つまり、われわれと、どんなに等しくあり、また、われわれと、われわれの身代りに、完全になることができたか、ということであります。罪を知らない方、ということを、もう少し別な言葉で言えば、神以外の何者でもないお方ということであります。神が、罪を知らない神が、罪のために苦しむということは、罪を知っております者が、そして、罪を犯しております者が、自分のその罪の代償を受けて苦しむということとは、たいへんちがうということは、言うまでもありません。そして、その苦しみがどんなに深いか、ということも、改めて、言うまでもない、と思うのです。したがって、主イエスが、「わが神、わが神」と言っておられます時には、じつは私どもが、「わが神、わが神」と言いえなければ、主イエスと一緒に、それを言いえなければ、主イエスの、この御苦しみの意味は分からない。主イエスはそのことを期待している、というか、あるいは、そのことのために、われわれが、そういうふうに祈ることができるために、われわれが、そういうふうに自分の罪のために叫ぶことができるために、あてのない、ただ空虚なところに向かって叫ぶのではなくて、こういうふうに叫ぶならば、われわれが、そういうふうに叫んだならば、なぜ、わたくしをお見捨てになったのですか、という、われわれの祈りに対しては、捨てていない、ということがはっきり答えられる、その捨てていない、と答えられるその答えは、主イエスのこの苦しみのお言葉であった、という点、これが、大事なことなのです。ですから、主イエスのなさったことでありながら、われわれ自身が、自分のこととして、あるいは、自分のために行われたこととして、これを知るのでなければ、この意味は分らない。

この説教は、最も深いところに立ち続け、語り続けています。少々の瑕瑾があったとしても、この説教がすぐれた説教である理由がここにあります。説教の最初に出てきていた「個人的」という表現が、この部分にも出てきています。英語で言えば、personal ということであるに違いないと改めて思います。説教者が語りたいことを言い表す適切な日本語もなく、personal の適切な訳語はないのかもしれません。説教者は、まさにパーソナルな言葉を語ります。その信仰と存在から生まれる言葉を語ります。主イエスのみ苦しみが、どれほど切実であったかを、何としてでも言いたいのです。

罪人の死に至る苦しみを、これほど深く味わったのは、主イエスが罪を知らない方であったからです。改革者ルター以来の、真実の罪人の深みにあったのは主イエスおひとりであったという福音理解が、ここにも言い表されているのです。ここでさりげなく語られているのですが、「じつは私どもが、『わが神、わが神』と言いえなければ」、という言葉で、われわれについての言葉が始まります。しかも、説教者がそれを求めるというのではなく、この祈りをわれわれが主と共に祈ることが、主によって求められていると言うのです。これは驚くべきことです。主の十字架の叫びを語りつつ、それをわれわれのことだと言うのです。われわれは、主と十字架の叫びを共にするように招かれるのです。この十字架への招きを聴き取らないと、この説教を理解したことにはならないとも言えるでしょう。反対に言えば、われわれが絶望の祈りをするとき、なお望みがあるのは、主が、神に捨てられたと嘆く祈りをされたからです。詩編第八八篇に代表される答えなき叫びも、ここで支えられるのです。こうして、主イエスの十字架の叫びが「自分のこととして」、「自分のため」のこととして、聴けるようになります。ここに、この説教が最初から目標としたことを語り尽くす道が拓かれたのです。それが以下のパラグラフです。

ですから、パウロは、罪を知らない方を罪とされた、「それは、わたしたちが、彼にあって、神の義となるためである」、それに、彼によって、キリストによって、われわれが、義とせられ、神の義を受けるためである、と言うのであります。そういたしますと、主イエスの、この叫び声が、これがまさに、私どもの叫び声なのであり、そしてわたしどもの叫び声であるときには、手応えのない叫び声でなくて、主イエスが、こういうふうに、叫んでおられますゆえに、われわれは、ほんとうに安心して、この叫び声をあげることができ、そして、われわれは、かえって、それによって、救いを確信することができると言えるのであります。

パウロの言葉との響き合いから生まれる考察が、ここで結ばれます。ここでパウロが語り続けた神の義が現実となっているのです。しかし、神の義についての通常期待されるような説明をしておりません。そうではなくて、義とは、主の叫びがわれわれの叫びとなることであると言います。しかもわれわれの叫びが手応えのある叫びとなることであると言うのです。安心して、なぜお捨てになるのですか、と叫ぶ。安心て叫ぶのです。それは、叫びつつ、深く救いを確信しているということなのです。

最後にもうひとつのことを考えてみたいと思います。それは、「わが神」ということの第三の意味であります。これは昔から多くの人が明らかにしたことですけれど、主イエスが、この苦しみの最中にも、そして、人が見たならば絶望としか思えない、絶望の声としか思えないようなこの言葉の中に、「わが神、わが神」、と詩篇の言葉を使ったのではありますけれど、二度これを仰せになった、ということであります。ということは、わが神、と呼ぶことが、おできになった、ということなんです。わが神と言うことができた、わが神と言う自信をもっておられたということであります。われわれは絶望の中にも、神を呼ぶ、と言うかも知れません。しかし、われわれはその時に、ほんとうに確信をもって、神を呼び、そして、神に対して語るっていうことができるだろうか。そうじゃなくて、口では、神、神、と言いながら、じつは、自棄になってしまって、神がどこにいるか分らなくて、いや神なんかもはや信じていないような、したがって、ほんとうは神とは言いえないような、祈りに似た眩きがどんなにわたしどもに多いか、であります。またそれは、それが深刻であれば、あるほど、私どもはそのことを、感じるのであります。

この説教最後の部分で珍しい言葉が用いられます。改めて「わが神」と主イエスが二度叫ばれたことの意味が問われます。そして、ここに主イエスのわが神を呼ぶ「自信」があったと言うのです。主イエスの自信、あまり聞いたことがありません。主イエスの自己確信です。それに対比されるのが「自棄」という言葉です。われわれが絶望して自信を失うことです。そこでなお主と同じように神の名を呼び続けることもあり得ますが、「自信」を失っています。「自棄」になっています。祈りは祈りにならず、呟きにすぎなくなっています。絶望において祈らなくなっていることを、われわれは「感じる」のです。この「最後に」という言葉で始まる、この段落は、この説教における慰めのメッセージが美しく語られているところです。一種の文学的な力を持って語られます。言ってみれば、説教者が、その神学者としての、説教者としての実存を賭けて語っているからこそ生まれる慰めなのです。

いろいろな絶望がありませんけれども、先ほども申しましたように、神のない絶望ぐらい、ほんとうの絶望はないんであります。そして、神のない幸せが、ほんとうの幸せでないのと同じように、神のない絶望は、神のある絶望とは、全くちがうんであります。神を知っておりますがゆえに、ほんとうの絶望を味わうことができるかもしれません。しかし、神を呼ぶことができるがゆえに、それは、神から答えを与えられる、あるいは、神の支配の中に置かれているという慰めをもつことができるのであります。言い換えますと、主イエスの場合で言うならば、主イエスの御苦しみは、やがてこの先のほうに書かれております主イエスの復活によって裏付けられている、ということであります。先が分かった芝居のようなことをしているということでは決してないんです。そうではなくて、このみ苦しみが、必ず、必ず、復活に終るということは、あるいはすでにこの聖書を書いております者が、復活までのことを知っておりまして、復活までのことを信じていて、主イエスがここで苦しまれていたことがどういうことに終るかということを確信していた。そのことが、「わが神、わが神」、という言葉のうちに、ほんとうにあらわれているのであります。神のみ業であったことを知っていて、これは神のなさったこと、神が計画なさって、神がお与えになったことを知ってい て、だから、その絶望の中に、「わが神、わが神」、と呼びうることによって、最後に復活によって成就される慰めを確信することができるのであります。

「神のない絶望」と「神のある絶望」とが対比されます。しかも、神を知っているが故に、その絶望はほんもの」となると言います。これは常識に反する言葉です。信仰から生まれる逆説であるとも言えます。絶望できる恵みがあるのです。信仰があるということは、神から答えが与えられるということです。その答えとは、絶望のなかで、神の支配のもとに置かれるということです。それは、主イエスにおいては復活の裏付けがあるということです。それは言い換えると、どのような絶望にも、「復活によって成就される慰め」があるということなのです。

ヨハネによる福音書の一九章の三〇節には「すべてのことが終った」ということ、完了した、ということが書いてあります。主イエスの十字架上のみ言葉のひとつで、たいへん有名な言葉のひとつになっていることで、この新しい訳では、「すべてが終った」と書いてあります。すべてが終った、ということは、すべてが成就した、ということですけれども、主イエスは十字架につけられて、十字架の苦しみをなめつくされて、すべてのことが終った、この苦しみが、これは十字架の上で終ったただけでなくて、やがて、復活において、完全にせられ、そこで完全に終る、成就してしまうんです。中途半端じゃない、成就した、そういう救いであるということが、主イエスのわたしどもにもたらされた救いの意味であります。

さて、先ほど、ルカによる福音書には、このみ言葉が書いてない、と申しましたが、その代りに、でありましょうたぶん、ルカによる福音書に書いてありますことは、「父よ、わが霊をみ手にゆだねる」という言葉であります。二三章の四六節にあります。「父よ、わが霊をみ手にゆだねる」。主イエスは最後にあらゆることが終ったのちに、ご自分の霊を、神にゆだねて、すべてのことが完了したことを、告げられるのであります。そして、この、ここに引用されました、ここに主がお用いになりました、詩篇の二二篇のこの詩は、一節から二一節までには、人が、どんなに苦しんでいるか、先ほどわたしがその一部を読みましたように、神の助けを求めている言葉であります。ところが、二二節から三一節まで、その後半は、神の救いをえた者が勝利をして凱旋してゆく言葉であります。つまり、この最初の、「わが神、わが神」、と言い出しております、この嘆きの言葉は、じつは最後には、勝利になっていく言葉となっております。これが詩篇の二二篇の書き方であります。そして、主イエスの十字架の、十字架上のみ言葉は、十字架上で主イエスがお用いになったこの言葉も、そして主イエスの意味も、主イエスの救いも、じつはこの詩篇と同じように、最後には、神の勝利、復活における神の勝利によって成就される。したがって、この苦しみのみ言葉は、主イエスの絶望の叫び声ではなくて、絶望している私どもに対する最高の救いであったし、それになった、ということができる、と思うのであります。

最後に、手紙で言えば追伸と呼べるような言葉が続きます。先に言及していた、他の福音書の十字架の記事、詩編第二二篇の引用の理解などが、積極的に十字架の勝利であったことを告げる言葉です。この説教を説教塾の仲間と学んだ時、セミナーのときに既に、この説教があまりにも多くのことを語り過ぎているという批判がありました。確かに主の十字架の叫びを丁寧に説き過ぎている印象もあります。説教者は、原稿を読んだり、完全原稿を手に語ったりしてはいません。しかし、説教の準備、黙想のときに、まるで原稿を書くかのように完璧な考察をしており、それをあまり省略しないで語ったのではないかという思いがします。

祈ります。
あなたの死において、成就したまいました救いが、私どもの日常の生活に、いろいろなかたちをとって、しかし、ただひとつの救いとして、あらわされますように、導きたまわんことをお願いたてまつります。主のなさいましたことが、私どものためであるだけではなく、私どもが自分に与えられた恵みとして、日ごとに感謝して受けてまいりますことでありますように。そしてこれが、大きな力となって、私どもの救いを全うしてくれることができますように。助け給わんことをお願いたてまつります。この祈りを主によってみ前にささげます。アーメン。

とても古風な祈りの言葉で終わります。「主によって」祈られている祈りですが、主イエスに対する祈りであることは明らかです。説教をしているときから、説教者のこころは主に向けられていたのではないかと思います。十字架が成就した救いが、われわれの日常生活を造るものとなるようにひたすら祈る思いがよく表れている祈りではないでしょうか。

3　ヨハネによる福音書第二〇章二八節

この説教は、『わが主よ、わが神よ』の最後に掲載されました。主イエスのご生涯を語る説教シリーズのなかに位置します。その結びとなり、その頂点をなすものです。それは、説教集の表題が、この説教の主題から取られていることからもよくわかります。

私は、既に『説教批判・説教分析』のなかでこの説教を取り上げました。その上、折りあるごとに言及しています。とても高く評価しているからです。竹森満佐一牧師の代表的説教です。それだけでなく、日本プロテスタント教会を代表する説教だと思っています。そこで、もう一度、既に発表した文章を、少し書き直して、ここに掲載します。

分析する方法を見つけるために説教を通読し、予備的に、この説教がどのような説教であるかを理解し、できるだけ、この説教にふさわしい読み方を探すことにしました。そこで、さしあたって、次のことを確認しておきます。

(1)この説教も、厳密な意味での講解説教ではありません。形から言えば、やはり即テキスト説教です。更に言えば、「わが主よ、わが神よ」の一句に集中します。この信仰の告白の言葉が、その置かれている聖書コンテキストにおいて、どのような信仰告白の出来事であったかを問い、それが説教の聴き手の現実として起こることを願って語られています。このような短いテキストへの集中が、即テキスト説教の特徴なのです。従って、やはり主題説教に接近します。つまり明確な主題〈メッセージ〉を持つものであり、神学的主張を持つものであり、しかも実践的意図も明らかです。それが集約されて語られているのは、次のような説教の結びの文章と言えるものであると思います。「このお方は、わたしが、信仰を言いあらわせば、その信仰をも助けてくださるにちがいない、と信じていて、こういうふうに、言いあらわしたのではないかと思うのであります。わが主よ、わが神よ、と告白するもっともよい態度は、礼拝であります。なによりも、これは、キリストを拝む者の言葉であります。われわれも、この信仰を言いあらわし、今朝、礼拝をしたいのであります」。これがこの説教全体が「目指す言葉」です。ここには、この説教者が常に主張する礼拝集中の姿勢がよく言い表され、またその神学が集中的に語られています。復活者キリストは、復活信仰をも可能としてくださるというのです。この神学を語る姿勢が説教全体を貫いて明確です。つまり、神学的な骨格を持った復活の福音のメッセージが繰り返し語られます。神学的、教理的説教の性格が強いのです。しかも、今この説教を聴く会衆と共に献げる礼拝が、そのような復活者キリストに対する告白と礼拝となることを願っています。礼拝における〈出来事〉としての説教であろうとしているのです。

(2)この説教は、確かに、厳密な講解説教ではありませんが、第二〇章二四―二九節という区分についての講解説教という性格をも持っています。つまり、一節とか一語だけを取り上げず、ひとつのまとまりを持ったテキスト区分を取り上げ、説き明かしています。ただし、この講解は、文字を追っての解説、講解ではなく、トマスとイエスというふたりの人物についての考察が軸となっています。しかも、トマスは、トマス個人にとどまらず、復活の事実に直面したところで、人間一般がどのような問題を露呈するかを普遍的に示すものであり、その意味では聴き手を代表する人物でもあるのです。そして、それに対して、復活された主イエスが何をなさり、語られたかを語ります。トマスにどのように出会ってくださったかを語ります。聖書の記事そのものを、そのような出会いの出来事の物語として読むのです。そのようにして、説教そのものが物語となっているのです。

十二人のお弟子の一人でありましたトマスという人は、たいへんに正直な人だったと思います。この人はいい加減なことができないので、ほんとうに、自分が、信じられなければ、信じた、と言わなかったし、もし自分がこうだ、と思ったならば、そのとおりに動くこともできた人であります。今朝、われわれが、読みますところは、復活の聖日から八日後のことだ、と聖書は、書いています。その八日の間に、他の弟子たちは、みな、主イエスに、お目にかかったのです。しかし、トマスだけは、どこに行っていたか分らなかったのです。八日目にフラフラと帰ってきたのであります。トマスは、どこでどうしていたか、よく分りませんが、しかし、今までのトマスの様子を見ますと、おそらく、トマスは、主イエスの十字架とそれから後に起こりました、自分がどうしても理解できない主イエスの甦りということに怖れ、黙って、人の顔を避けて、あちらこちらを、さまよい続けていたのではないか、と思います。

説教の導入部（introduction）です。それはトマスの紹介（introduction）から始まります。〈人物説教〉としての特質を示すでしょう。聴き手が聖書テキストに近づけるための配慮などはしていないようですが、そんなことはありません。聴き手が、物語の主人公であるトマスのイメージを持つことができるように配慮しています。年齢や容姿のことは何も言いません。しかし、その人がどういうひとであったか、内面的なイメージを的確に描きます。「一二人の弟子の一人」というだけでもいろいろなイメージが生まれますね。

説教の最初の部分で、トマスが正直であったということが、しかも、この言葉を七回も用いて強調されています。トマスが「正直」であったという理解は、聖書から直接には生まれ得ないかもしれません。一般的に「疑い深いトマス」と言うのが常です。説教者は、それを否定しているのではなく、この率直な疑いがどこから来るかと言えば、まず何よりも、正直であった、それも自分に正直であったということから来ると考えるのです。この率直さ、あるいは自分に対する誠実さの故に、復活の出来事を語る言葉を聴く人間に何が起こるかを、最も純粋な形で示したひとだと見ています。「たいへんに正直な、したがって、正直に、勇気も出せば、正直に、悩む人でありました」。この文章は、それに先行する「生半可なわれわれ」という表現と明確な対比を見せ、しかも、われわれの内部にあるものを最もよく表しています。説教の最初で、この説教における最も大切なひとつの事柄が既に明言されます。ここから説教は、まっすぐに自分が語るべきであるし、語りたいと思い定めている事柄のなかに入るのであり、迂回することはありません。ここに、この説教者の神学者、牧師としての資質がよく現れています。しかし、それと共に、文学者に似た豊かな人間理解、人間観が現れており、それをイメージ化する文章力も発揮されているのです。

「思います」という表現でこのセクションは終わります。この表現は、この説教のひとつの特色を作っています。全部で二七回も現れます。もともと、この説教者は、よく「思います」と言うのです。これは、説教者の主観的な感想を意味するものであるかのように理解され、批判されることもあります。しかし、むしろ、説教者の積極的な解釈を意味すると考えたほうがよいのではないか。強い主張が込められていることもあるのです。あるいはまた、場合によっては、この箇所が典型的ですが、テキストが語る言葉を越え、その彼方へまで届く想像力による解釈が行われているとも言うべきであろうと思います。この想像力による解釈こそ、この説教者のひとつの特質をなすものです。なぜ復活当日に、他の弟子たちが皆集まっていたのに、トマスだけがいなかったか。その理由を尋ねるひとは多くはありません。尋ねてもテキストは、いっさい答えてくれないのです。しかし、説教者は、そこで想像します。ふらふらと一週間も彷徨を続けたトマスの姿を思い浮かべます。これはかなり大胆です。十字架の出来事も語られますが、そこから始まって決定的な動揺を与えたのは復活です。しかも、その八日間の彷徨を促したのは、「疑い」ではなく、「怖れ」であったと言います。これも説教者の推測です。畏怖を意味する怖れであろうかと思われます。これは、しかし、単なる説教者の空想ではありません。ルカによる福音書第二四章のエマオの弟子たちも、暗い顔でエルサレムを出たのは復活の出来事があった後でした。自分の理解を越える出来事がもたらした畏怖が、トマスから平安を奪っていたというのでしょう。勇気を出すことができるトマスが、正直なトマスが、「怖れの人」であったということ、これは神学的でもあり、また信仰者らしい想像と言えます。想像力による解釈で大切なのは、説得力を持ち得るかどうかです。荒唐無稽な想像だと思われたら無意味です。

ヨハネによる福音書一一章一六節を見ますと、主イエスが、たいへんな危険な目に遭われることがわかった時、トマスは、われわれも、一緒に行って死のうではないか、と真っ先に言った人であります。疑い深い人だ、とは言われておりますけれども、そういう勇気のあった人であります。そしてまた、一四章の五節には、主イエスが、わたしが、どこに行くのか、その道は、あなたがたに分かっているはずだ、と仰せになりますと、トマスは正直に、いやわたしにはよく分りませんから、はっきり教えてください、と申しました。そういう人であります。われわれのように、生半可でいつでも、中途半端で、ほんとうにはっきりと、自分の考えていることが言えないような、大部分の人間の中では、たいへんに正直な、したがって、正直に、勇気も出せば、正直に、悩む人でありました。

トマスは、なぜ、主イエスの甦りが分らなかったのでしょう。いろいろな理由があるかと思いますけれども、一番大きなことは、たぶん、トマスが、この出来事に出会いまして、怖れていたからではないかと思います。怖れるのは、当然だ、と思います。自分たちが、たのみにしていました先生が十字架につけられ、その上に甦ったなどという、たいへんに困った噂がたって、自分たちは、人に顔向けができない、と思ったでありましょう。はずかしいと言えば、その先生を裏切ったのが、自分たちの仲間のひとり、ユダだったのです。それと同時に、主イエスが、自分たちの間から去って行かれて、自分たちが、生きているということに、非常な怖れを感じただろう、と思います。たった十一人の群は全く無力であります。したがって、そういう怖れ、いつ自分たちも、主イエスと同じように捕えられるか分らないということ、つまり、死の怖れを感じたトマスは惑い、悩んだでありましょう。そういう怖れがあるところには、信仰は生れてまいりません。そして、そういう怖れのあるところには、復活を信じる信仰もなかなかむつかしいと思います。なぜかと言うならば、復活を信じるということは、われわれにとっては、ただ神様が約束してくださったその約束だけを、信じるということだからであります。したがって信仰だけによって生きるということなので、その他の、これこそ安全だ、と思うことから、全部手をはなしてしまうことなので、したがって、こんなに怖ろしいことはないのであります。人が、復活のことを考える時には、もし、信じることができたら、どんなに安らかだろうと思うにちがいありません。それは、ほんとうの意味で、安らかであるにちがいありません。しかし、主の復活を信じるということは、われわれの目に見えることには、もはや信頼を置かない、ということです。それは、信仰だけによって生きる、ということです。したがって、容易ならぬ怖れを、われわれに、与えると思います。何か、一切合財、みな、神様の手に渡してしまって、自分が、これは大丈夫だ、と自分の手で握っておくことのできるものは、何も、なくなるような、そういう状態であるとも言えるかも知れません。復活の主にお目にかかった、という弟子たち、ユダを除いたみんなの弟子たちが、部屋の中に閉じ籠もっていた、という気持はわかります、そういう外からの怖ろしさと同時に、この信仰を持つことのきびしさというか、あるいは、一面における、怖ろしさを知っていたからではないか、と思います。われわれは死のゆえに人生が暗闇に追いやられると思います。ですけれど、ほんとうの信仰をもし持ちえなければ、復活のゆえに、われわれは、この弟子たちのように、おじ惑い、部屋の中に閉じ籠もらなければならないかも知れません。

「怖れ」の言葉が語られ続けます。そして丁寧に、トマスの「怖れ」についての考察、説き明かしがなされます。怖れについて、どのように語られてきたか。理解できない主イエスの甦りということに怖れ、生きているということに非常な怖れを感じ、死の怖れを感じ、ということでした。つまり、トマスの怖れは生死に関わるのです。しかも、その上に、それに加えて、自分たちの知る生死の理解、自分の意識において死を深く怖れているトマスが、自分が生き、死ぬ、この地上の世界の外から地上に起こってきた復活という出来事が理解できずに怖れているのです。改革者ルターが、〈先行する外からの言葉〉（シュマルカルデン条項「福音について」の項目）（verbum externum et praedecentum）を重んじることを教えましたが、外からの言葉は、まさに〈外からの出来事〉である復活の言葉であり、その意味で「怖れ」を生む言葉となったのです。

そこで、トマスに密着した考察から、一般的考察に移ってきます。怖れについての神学的考察がなされるのです。そこでは怖れは信仰となじまず、特に復活信仰を不可能にすると語られます。復活を信じることは、「安らかさ」を与えるからです。平安は、怖れと無縁です。怖れを追い払うのです。しかも、この安らかさは、誰もが求めることです。なぜかと言えば、誰にも怖れがあるからです。しかし、その怖れが復活信仰を生むわけではありません。ここにジレンマがあります。それを説教者は見て取っています。ジレンマが生じる、その理由は、信じるとき、一挙に怖れが消えて安らかさが訪れるのではなく、むしろ、怖れが一層深まることでもあるからです。自分がこれまで支えにし、安らかさの根拠としてきたものを手放さなければならないからです。既にルターが明らかにしたことです。信仰は安全を保証されることではありません。むしろ反対です。これまでは確かなものと思っていたものが揺るがされるのです。キルケゴールが言う不安が語られるとも言えます。信仰とは決断であるという神学的テーゼも思い起こすことができます。だが、この偽りの平安を手放す怖れを伴う信仰の決断をすることがないと、いのちの平安はないのであり、死の怖れは依然として残るのです。

この文章においては、トマスの怖れを主題とした第一部において、神の名によるメッセージが豊かに語られているとも言えるのではないかと思います。例えば、こういう言葉です。「しかし、主の復活を信じるということは、われわれの目に見えることには、もはや信頼を置かない、ということです」。そのひとつの理由は、「わたしを見たから信じたのか。見ないのに信じる人は、幸いである」という聖書テキストが伝える主キリストの言葉が、ここで間接的に引用されるからでもあります。それを更に「信仰によってのみ」というパウロ的信仰理解をもって補っています。あるいは、ヨハネによる福音書の発言は、このようにパウロ的に解釈すべきだという提案であると読むこともできます。もとより、新約学的とも言えますが、むしろ、神学的、教理的理解です。だから、テキストを直接引用した形にしなかったのであろうと思います。むしろ、そのひとつの解釈を通しての間接的引用です。高倉徳太郎の「信仰とは懸崖にあって手を放すこと」という表現を思い起こします。今日の説教者は、もはや、このような入信に伴う「容易ならぬ怖れ」を語ることは少なくなったのではなかろうかと私は思います。

この段落は、その前の文章のテーゼ的表現の展開であり、それは、トマス以外の弟子たちの行動、特にその怖れについての解釈にまで及びます。福音書それ自体は、弟子たちはユダヤ人を恐れたのだと言いますが（一九節）、説教者は、外の敵に対する怖れのみならず、内における怖れがあったのだと見ています。人間に対する怖れだけではありません。神に対する怖れがあったのです。その意味では、この〈内なる怖れ〉は、〈真実に外にある者に対する怖れ〉でもあったのです。〈外からの言葉〉

に対応することでもあります。

弟子たちについての考察が続きます。そこで、この弟子たちの姿を「われわれ」と重ね合わせるのです。もちろん、ここには説教者自身も含まれています。しかし、力点は聴き手に置かれます。キリスト者の共同体である教会は、弟子の共同体であるのです。ここでは、説教者を含めた聴き手とも言えます。信仰がなければ、死も怖れるし、復活も怖れる。そこに不信仰の特質がある。そのように鋭く指摘するのです。

説教者がここで語っていることは、別の言葉で言うと、復活には、こうした不信仰を明らかにする、審きの働きがあるということです。そうであるとすれば、閉じこもっていた弟子たちは、審かれていたとも言えます。説教の第一部は、このような審きの言葉をもって終わろうとしています。

トマスは、そういう群に帰ってまいりました。その中で、彼はいつものように、自分は、主イエスがおいでになった、復活されたといってもその傷に、この指を突っ込んでみるまでは、承知ができない、と正直と言えば正直、乱暴と言えば乱暴なことを申しました。

さまよっていたトマスが、弟子たちの群れに「帰ってきた」という表現は興味深いものです。これは、説教のこれからの部分で、重要な意味を持つものとなります。説教者の考察によれば、弟子たちとトマスは怖れを共有しています。だから、トマスは弟子たちのところに帰ることができました。弟子たちは、見事に復活を信じたが、トマスは人一倍疑い深いために脱落したままであったというのではないのです。同じ怖れに捉えられている仲間のところに帰ってきただけなのです。しかし、そこで、トマスは復活の確認を求めます。見ないで信じる道を取りません。目で確認することを求めます。信仰がなかったからです。怖れがあったからです。このトマスの帰還をもって、説教の第一部が終わります。このようなトマスの動きで捉えられる説教の構造は、ほとんど演劇的です。息をのむような緊張のドラマです。その意味では、まさに第一幕の幕が降りるとも言えます。深い緊張と期待をもって。

それに対して、主イエスは、どうであったでしょうか。主イエスは、このみんなが、集まっているところに入っておいでになりました。入っておいでになりましたが、その時に十一人の弟子を目ざしておいでになったのでしょうか。今のところを読んでみますと、主が入っておいでになって「平安があるように」と言われました。これは、シャロームという、今でも、イスラエルで、皆が、使っている普通の挨拶です。今日は、と言ってもいいかも知れません。そういって、何でもないように入っておいでになって、そこで、話をされたのは、トマスだけであった、とここに書いてあります。そこにいるトマスを、すぐに、目ざとくお見つけになりまして、そして、君は、わたしが甦ったということが、信じられないそうだが、そして、この傷に指を差し込まなければ、承知できないというのだが、それならば、そういうふうにしてみたらどうだ、と言われました。つまり、トマスという一番疑い深い、したがって少くともこの時においては、一番信仰の弱い者、その者を目ざして、主イエスが、おいでになったのだ、ということが分ると思います。ある人が、これは、たぶん、主イエスが、かねがね、トマスのために祈っておられたからだろう、と申します。トマスが、どういう性格の人であったか、主イエスは、十分にご存知ですから、復活というようなことがあった時に、トマスが、どんなに思い惑うか、ということを知っておられて、たえずトマスのために祈っておられたのだろう、と申します。したがって十一人を見ながら、主イエスは、ひたすら、トマスにだけ話をされました。

「それに対して」という言葉が語られるところで、説教集自体において、一行空けられており、そこから明らかに第二部が始まります。つまり、第二幕の幕があがるのです。そこでは、トマスは、もはや主役ではありません。初めて復活者である主イエスが登場し、トマスと向かい合います。この主が、トマスに対して取られる態度、語りかけられる言葉が主たる題材となります。説教者の目は、ひたすら主イエスに注がれます。この主イエスが、あの怖れのとりこになったトマスに何をなさるのでしょうか。だいぶあとに、ボンヘッファーの名が登場します。引例の著者名があげられるのは、この説教においては、そこだけです。明らかに、ボンヘッファーが書いた説教黙想が用いられています

（Dietrich Bonhoeffer, Johannes 20,19-31, in: G. Eichholz（Hg.）, Herr, tue meine Lippen auf, 1. Band, 2. Aufl. Wuppertal-Barmen, 1964, 145-149）。この文章は、ボンヘッファーの著作集にも転載されているので、説教者は、それを読んでいるかもしれません。ボンヘッファーの名をまだ挙げていないところの解釈、たとえば、主イエスが、ここではトマスに集中しておられることなども、既にボンヘッファーが語っていることであり、いくつかの点で、ボンヘッファーの黙想をただ参照するというだけではなく、それに導かれて、この説教全体の説教者自身の黙想がなされていることは明らかです。トマスの弟子の群れへの帰還をめぐる考察も、ボンヘッファーに示唆を受けているのではないかと思います。ボンヘッファーと異なるのは、主イエスの挨拶について、ボンヘッファーがかなり丁寧な黙想をし、ユダヤ人の日常の挨拶が、復活者イエスの言葉として語られたことが、どれほどの慰めとなったかを強調している点です。説教者は、これをあっさりと捉えています。ボンヘッファーのこの考察が、一九節に関するものであるので、説教者は読み過ごしたかもしれません。あるいは、トマスへの一直線の歩みに集中して黙想しており、そこが違うのかもしれません。私は、いずれにしても、ボンヘッファーと同じように、この平安の挨拶の意味は深いと思っております。説教者が、説教のなかで、復活のもたらす「安らかさ」を強調していることからすれば、やはり、ここでもそうしてほしかったと思います。しかし、説教者自身の関心はそこにはなく、一気に二七節に、つまり、主イエスのトマスへの語りかけに向かいます。この説教は、その意味では、テキストの万遍なき解説に興味を持つことはありません。不必要だと思うことは省略できる姿勢なのです。注目したいのは、主イエスのトマスへの語りかけを、「君は」という親しい語りかけの言葉として語り直していることです。これは明らかに物語の説教の手法であると思います。説教の聴き手は、こういう言葉を、自分たちに語りかける復活者の言葉として聴くのです。

ここで「ある人」として引用されるのが、誰であるのかはわかりません。竹森牧師は、以前には、多くの神学者の名をあげることもあったのですが、だんだん少なくなり、「ある人」と呼ぶようになりました。ボンヘッファーでないことは確かです。この「ある人」の助けを借りて、主イエスがトマスのために祈っておられたという解釈がなされます。これも聖書の典拠は直接にはありません。ただし、間接的典拠はあると言えます。ルカによる福音書第二二章三二節に、主イエスがペトロに対して語られた、「わたしはあなたのために、信仰が無くならないように祈った」という言葉です。もっとも説教者が、これを意識していたら、実際に引用したかもしれません。全く「ある人」に依存した解釈なのかもしれません。このような理解は、説教者の言葉として語ってもよかったでしょう。

このことは、今日、信仰の弱いわれわれにとって、たいへんに大きな慰め、であります。復活の主は、一番、自分は信仰が駄目だ、と思っている、その人を目指しておいでになって、そして、その人に対して、何とかして、わたしが甦ったことを信じなさい、と仰せになるのであります。主イエスは、それを、いい加減な気持で、仰せになったのではなかったのです。主イエスの心は、たいへんにはげしかった、と思います。戸を閉めて、鍵をかけているところに、すっとお入りになった、ということは、主イエスのようなお方が復活したら、あたりまえのことだ、とわれわれは考えているかもしれません。しかし、そういうふうに入って来られるのは、それは、主イエスが、並々ならぬ熱意をもっておられたから、ではないでしょうか。どんなものが、妨げようとしても、妨げることのできない、われわれに一番身近なことでいうならば、われわれの一番弱い気持、われわれの一番信じようとしない気持、いつまでたっても信じようとしない気持、そういうもので自分自身の魂をよろっているわれわれ、そういう疑いの部屋の中に閉じ込って、その中で、どうやらこうやら、安心しているような顔をしている、そのわれわれの疑いの壁を破って、主イエスは、入っておいでになるのであります。主イエスが、われわれに対して、願っておられることは、並々ならぬものである、ということが分ります。

ここは、古典的表現で言えば、典型的な〈適用〉がなされているところです。今まで考察してきた事柄が、「われわれの現実」に適用されます。そこで「われわれ」という言葉が繰り返されます。そこで、これまでのトマスについての考察が常に暗示したように、われわれとトマスが似ているということが、当然、前提されますが、それよりも重要なのは、トマスを目指す激しいキリストの行動が、今われわれに向けられていることとして語られていることです。テキストにおける主イエスの行動に集中した語り口が、ここでそのように変化し用いられています。いい加減なものではない、並々ならぬ、激しい主イエスの熱心が「われわれ」に向けられています。説教者は、自分も、この「われわれ」のひとりとして、会衆に先立って、この主の熱心の対象とされたことを喜び、そこに会衆を招きます。〈神の名による言葉〉としてもよいかもしれないほどのメッセージが語られているところです。戸を突き抜ける復活者の奇跡的存在を、このように聴き手の〈実存的な〉受け止め方を求めながら納得させています。説教者の語り口も「いい加減なものではない」のです。そのようにして、説教こそ、聖書の言葉をわからせる最善の言葉、つまり解釈の言葉であることをも実証していると言えます。

今、読みましたところの少し前をみますと、一七節にマリヤという女のお弟子が、主イエスを墓のところで見まして、主イエスにとりすがろう、としたことが書いてあります。主イエスの死体が、見つからないので、とまどっておりますと、そこに、主イエスが、見えましたので、とりすがろうとしました。すると、主イエスは、マリヤに対して、たいへん素っ気なく、「わたしにさわってはいけない」と仰せになりました。これからのち、この言葉は、ながく、人びとが、くりかえし使う言葉になりました。ところがこの部屋の中では、トマスに対して、わたしにさわってはいけない、と仰せにならないで、わたしのこの傷にさわってみなさい、この傷に指をつっ込んでみるように、と仰せになりました。

これは、矛盾でしょうか。だれにでも分ることですけれども、これは、少しも、矛盾でも、何でもない、と思います。マリヤは、主イエスが甦られたことを、信じることができました。しかし、マリヤが信じていたのは、手でさわることのできる主イエスだということであったので、主イエスは、それは、まちがいだ、とお教えになったのでしょう。だから、わたしにさわるな、と仰せになったのでしょう。それと同時に、今度は、それを、信じることを躊躇しておりますトマスに対しては、わたしにさわってみなさい、わたしどころか、わたしの傷にさわってみなさい、と仰せになりました。両方とも同じ、二人の人に対する全く同じ愛から、恵みから出ている言葉であり態度でありますことは、だれにでも分ることだと思います。すなわち、主イエスが心から望んでおられましたことは、他でもない、二七節にあります、「信じない者にならないで、信じる者になりなさい」ということであります。主イエスは、他のことは、どうでもいいので、自分が痛い目に会おうと、自分が屈辱をうけようと、自分が疑われようと、そんなことはどうでもいいので、結局は、あなた方が信じない者にならないで、信じる者になってほしい、ということでありました。

先に復活者イエスの迫りを指摘しましたが、それに続き、この部分は、いずれも「わたしが甦ったことを信じなさい」、「信じる者になってほしい」という、説教者の言葉によって取り次がれている主の招きの言葉を、より深く聴き手に届かせるための言葉です。ここでも、マリヤとトマスの対置を初めとして、ボンヘッファーの黙想に依存しているところが多いのかもしれません。いずれにせよ、激しさを伴う招きの言葉が、もはや、マリヤやトマスには向かわず、直接、聴き手に向かって語られます。ここで取り次がれる主イエスの言葉は、主のこころに踏み込んで想像する説教者によって強調されます。復活者イエスの言葉、神の言葉と説教者の言葉とが重なる、ひとつの典型となっている説教の言葉が続くのです。

トマスは、その主イエスのご様子を見まして、実際には、ふれることをしなかった、のであります。今、目の前に主イエスがおられるのですから、ふれたら、よさそうなものですが、トマスは、ふれよう、といたしませんでした。トマスは、ふれもしないで、主イエスの前に、おそらく、膝まずいたでありましょう。あるいは、ひれ伏したでありましょうか。「わが主よ、わが神よ」と申したというのであります。復活を信じるのには、いろいろな徴がほしいものです。たとえば、墓は空になっていたかとか、主イエスの復活した体が見たいとか、あるいは、傷が見たい、そしてこれがほんとうに主イエスなのか、にせ者ではないのか、知りたいとか、あるいは、今日の常識に、今日の科学的な常識に、今日の医学的な常識に、あるいは今日の人間としての考えに、ぴったり合うような説明がほしい、徴がほしい、と言うのであります。けれども、もし何か証拠がほしいと言うのならば、ほんとうを申しますと復活以上の証拠はないだろう、と思います。いろいろな証拠がほしい、と言っている人たちのひとつの矛盾は、それではないか、と思います。証拠がほしいのは、結構ですけれども、それならば主イエスが生きかえったということ以上の証拠はおそらくないだろうと思います。

第二部でトマスが登場するのは、ここが最初であり最後です。「わが主よ、わが神よ」という説教の主題となった言葉も、ようやくここで登場します。福音書そのものは、トマスが主イエスに触れたかどうかを書いていません。それには関心がなかったのでしょう。説教者は、あえて触れなかったと言います。前出のマリヤの触ろうとする信仰とは違う信仰が成り立ったことを強調します。そこでこそ、トマスの告白も成り立つし、われわれの信仰の告白も、主イエスに触れないで、主イエスを見ないで成り立つのです。そこから生まれたトマス解釈がここにあると言えます。

このセクションでは、この説教者の特質と言える〈思います〉という表現が何を意味するかが際立って見えてきています。まさに「説教者の名による言葉」とも言えるのではないでしょうか。主題は、復活信仰がどこで成り立つのか、ということです。トマスの告白にまで至りながら、ここでは、それ以上、この告白について語られることはありません。告白が改めて説教の主題となるのは、第三部においてです。ここでは、それに先立って、この告白を支え、呼び起こす復活信仰をめぐって、復活を客観的に論じ、考察しても、復活信仰が生まれないこと、しかも復活信仰を支えるものは、復活の出来事以外にないことを簡潔に述べます。「今日の」という言葉が繰り返されるように、今日、つまり現代における復活をめぐる数多い議論を見据えての、キリストの教会の説教者としての姿勢がはっきり現れてきています。特に、「主イエスが生き返った」という表現は、興味深いものです。「主イエスが甦られた」、あるいは「甦らされた」という、通常神学的と考えられる表現でないために、素朴に復活の出来事を語っていると言えます。明らかに、ここでは、説教が、弁証論（アポロジェティックス）の響きを帯びてきます。特に復活を語るときには、意識するにせよ、しないにせよ、説教者は復活弁証という課題を負います。問題は、この部分の言葉が、どれだけ聴き手に説得力を持ち得たかということです。

使徒行伝第二六章をごらんになりますと、パウロがアグリッパ王に対して弁明している演説がありますが、その八節に、パウロが自分を弁明して、「神が死人をよみがえらせるということが、あなたがたには、どうして信じられないことと思えるのでしょうか」と言っております。これはたいへんにきびしい皮肉である、と同時に、また、じつに、堂々たる主張である、と思います。神が死人を甦らせたなどということは、とても自分には信じられない、とみんなが言っているのに、パウロは、そうではなくて、神が死人を甦らせたということを、あなた方は、どうして、信じようとしないのだというのです。考えてみますと、われわれは、みな、それを信じたいのです。これくらい信じたいことはないでしょう。おそらく、キリスト教を、聞いたことのない人でありましても、もし自分が死んでも、なお生きかえることができるということを信じうるならば、それは、どんな

郵 便 は が き

料金受取人払郵便

銀 座 局
承　　認

8254

差出有効期間
平成30年1月
9日まで

104-8790

628

東京都中央区銀座4－5－1

教文館出版部 行

◉裏面にご住所・ご氏名等ご記入の上ご投函いただければ、キリスト教書関連書籍等のご案内をさしあげます。なお、お預かりした個人情報は共同事業者である「(財)キリスト教文書センター」と共同で管理いたします。

●今回お買い上げいただいた本の書名をご記入下さい。

書名

●この本を何でお知りになりましたか

1．新聞広告（　　　）　2．雑誌広告（　　　）　3．書　評（　　　）
4．書店で見て　5．友人にすすめられて　6．その他

●ご購読ありがとうございます。
本書についてのご意見、ご感想、その他をお聞かせ下さい。
図書目録ご入用の場合はご請求下さい（要　不要）

教文館発行図書　購読申込書

下記の図書の購入を申し込みます

書　　　　　名	定価（税込）	申込部数
		部
		部
		部
		部
		部

●ご注文はなるべく書店をご指定下さい。必要事項をご記入のうえ、ご投函下さい。
●お近くに書店のない場合は小社指定の書店へお客様を紹介するか、小社から直送いたします。
●ハガキのこの面はそのまま取次・書店様への注文書として使用させていただきます。
●DM、Eメール等でのご案内を望まれない方は、右の四角にチェックを入れて下さい。□

ご氏名　　　　　　　　　　歳	ご職業

（〒　　　　　　）
ご住所

電　話
●書店よりの連絡のため忘れず記載して下さい。

メールアドレス
（新刊のご案内をさしあげます）

書店様へお願い　上記のお客様のご注文によるものです。
着荷次第お客様宛にご連絡下さいますようお願いします。

ご指定書店名	取次・番線
住　所	
	（ここは小社で記入します）

にそう信じたいことか分らないと思うでありましょう。それならば、信じればいいではないですか、とここで、パウロは言うのです。それならば、その約束のあるのを、なぜ信じようとしないのだ、と言うのです。復活以上の証拠はないということは、そういうことだ、と思うのです。ただ、われわれは、それなのに、ああでもない、こうでもないと言って、なかなか、これを受けいれようとしないだけなのであります。黙示録の三章二〇節には、あの有名な戸の外に立って、戸をたたいておられる主イエス・キリストの話が、書いてあります。主イエス・キリストは、今日も、われわれの魂の扉をたたいて、信じない者にならないで、信じる者になりなさい、とトマスに対すると同じように、言っておられるのであります。ただわれわれが、戸を開いて、主イエスを迎え入れるかどうか、鍵はそのひとつであります。

この部分に先立つところでの一種の弁証論の弱さを補い、強めるのが、この部分であると思います。アグリッパに対するパウロの弁明が、なぜ復活を信じ難いことと思うのかという反問になっていることから、信じられないのではなくて、信じないだけではないか、という主張をしています。復活論が、信仰論として語り直されると言えます。復活が事実かどうかということよりも、復活をめぐる信仰が、しかも、どうして信じないのかという問いに集中して、語られます。誰もが復活を、つまり、自分が生き返ることを憧れているのですと断定します。このことが、復活信仰の根拠は、復活以外にないということの意味だと説教者は断言します。いささかわかりにくいことに思えます。分析者として私が見るところ、これでも論議は不十分であると思われます。それは、説教者としてもわかっていることであったろうと思います。これが結論とはなっていません。むしろ、これは、説教が最も語りたいことを語るための予備的考察に過ぎないのではないでしょうか。

説教は、ここで、復活信仰の可能性をめぐる一般的考察から、テキストに戻ります。その時、まことに興味深いのは、ヨハネによる福音書のテキストには戻らず、まず思い起こすのは、トマスのところまで入り込んだ、戸を突き抜けたイエスでもなく、戸の外で入ろうとして扉を開けることを待つ、主イエスの姿です。黙示録の描く、戸を叩かれるイエスです。竹森牧師は、このイエス像をよく語ります。そのイエスの言葉として、この箇所のテキストが語り直されます。「信じない者にならないで、信じる者になりなさい」。トマスではないわれわれは、この主イエスのお言葉を聴いて、まず自分の扉を開くことを求められます。扉を突き抜けるイエスではなく、扉が開かれるのを待つ主イエスを思い起こさせています。ここでも、そのような信仰の決心を求める神の言葉で第二部が終わります。これもまた明確な神の名による決断への招きです。ここにこの説教のひとつの頂点があり、ここでメッセージが明確になります。ハイデルベルク・グループの分析理論によれば、ここで、説教は律法主義的になると言われるかもしれません。聴き手の行動を求める律法主義的な口調があると言いかねません。私は、そうは思いませんが。

さて、今、この復活以上に、大きな徴はないと申しましたが、ある方がたはこれをお聞きになって、ずいぶん乱暴なことを言うものだ、とお考えになるかも知れません。ただ、自分たちがそういうことを信じたい、ということと、それを信じる、ということとは、別ではないかと、きっと言われると思います。主イエスは「あなたはわたしを見たので信じたのか、見ないで信じる者は、さいわいである」と言われましたけれども、本来信じるということは、見て、信じる、ということではないでありましょう。見て信じるのは、信じることでも、なんでもない、のです。見て信じるのは、見てこういうことがあったと思うだけであって、信じるというのは、何の証拠もないのに、信じるということではないでしょうか。われわれが、たとえば、この人物を信じるとか、時には、さんざん自分に厄介をかけた、あるいは、自分に対して悪いことをした者を、もう一度信じてやろう、という時には、何も根拠がないのです。ただ信じてやろうというだけでありましょう。

第三部に入ります。ここで最初に行われるのは、テキストの考察ではありません。これまでのテキストにひたすら目を注いできた考察に基づいて、決定的なメッセージを語るために、集中的な神学的考察（黙想）がなされ、復活信仰が聴き手のなかに出来事として起こることをひたすら目指す言葉が語られるのです。これまでのドラマティックな物語から、神学的な、あるいは信仰による黙想の部分へ移るとも言えます。それは、この説教を聴いている者たちの集会が、礼拝として成り立ち、そこにトマスの告白を告白する出来事が起こるかどうか、それが、この第三部の語り方にかかってくるからでもあるのです。その最初にあって方向を定めるのは、第二部を受け止めての説教者の考察です。主題は信仰論です。聴いていると、求道者会における牧師の言葉を聴くような思いになり、それだけ、牧会的な（魂への配慮をするこころから生まれるseelsorglichな言葉の）響きが聞こえてきます。もともと、これまででも、説教者は絶えず聴き手と牧会的対話をしてきていたのです。そこで既に説教冒頭に間接的に引用された二七節が、今度は直接に引用されます。ここではもはや怖れについては語られません。目に見える根拠によらないことにこそ、信仰の本質があるとします。ここで、それを、信用できないと見える人間を信用するという消極的実例をもって論証します。これについての評価は分かれるかもしれません。とにかく、これは、おそらくこれに続く部分で語られる、消極的な人生経験の描写と関わりがあるのではないでしょうか。

ボンヘッファーという、たいへん偉いドイツの神学者で、最後にナチに殺されました殉教者があります。その人が、ここを説明いたしました言葉の中に、トマスは、主イエスにふれようとしなかった、それは、トマスは、もはや、自分の手も、自分の目も信じなかったからである、そして、ただ、主イエス・キリストだけを信じたからだ、と申しました。トマスは、はじめには、主イエスの傷を見なければ、と申しました、そして、指を、その傷の中に、さし込まなければ、と申しましたが、しかしながら、主イエスが、今、ここにおいでになった、このことにぶつかりまして、このトマスは、もはや、自分の目のたしかさや、自分の手のたしかさを信じることができなくて、それよりも、主イエス・キリストを信じることの方が、どれだけたしかか、ということを知ったのだというのであります。われわれは、いろいろな証拠がほしいと言いますけれども、われわれの小さな生活の中の苦しみや悲しみ、どうにもならないような苦しみや悲しみに出会うたびに思うことは、今までたしかだと思っていたことが、どんなにたしかでないか、ということでしょう。今まで信じられていたことが、少しも信じられなくなった、ということではないでしょうか。あの人は、自分に忠実だと思っていたが、そうではない。あの人は、自分を愛している、と思ったらそうではなかった。この病気になってみたら、お医者さんもたのむにたらなくなってしまった。今までお医者さんにたのんでいさえすればいいと思っていたのに、信じることができなくなった。つまり、これこそ、たしかだ、と思うことが、次から次へと、たしかでないことを、われわれは、知るのではないでしょうか。われわれの目でみることも、われわれの手でたしかめたことも、どれひとつたしかなものはなくなったのだ、ということが、われわれの生涯に、少くとも一度や二度は出てくるのではないでしょうか。悲しむ人は、何度も、くりかえして、それを経験するかも知れません。そういう時に、最後に信じうるのは、主イエス・キリストだけだ、神だけだ、と信仰を持っている人なら言うと思います。そしてこのことだけは、くつがえされない、と言うにちがいありません。

ここで初めて、これまでもひとつの導きとしてきたボンヘッファーの名を明かしています。ボンヘッファーについて長い紹介はしません。しかし、このひとが偉い神学者であって、ナチに殺された殉教者だという、いささか軽い響きのものとされかねない紹介は、おそらく、このあとの説教者の考察に関わるでしょう。トマスが、自分の目や手の確かさを信じることがなかったということは、ボンヘッファーの戦いを支える信仰の特質でもあったということです。ナチは、まさに目や手で確かめ得る強さで人びとを幻惑したのです。しかし、説教者は、このようなボンヘッファーに関わる考察ではなく、むしろ、聴き手の共通に知っている人生経験に訴えます。それが「悲しむ人」という言葉に集約されています。信頼を裏切られる悲しみの経験です。そこで、その悲しみのなかで、信じ得る確かさは、イエス・キリストのみ、そして神のみというところまで導かれます。もとより、このような人間の限界の経験に支えられる「下からの道」が決定的なものだと説教者は思っていません。しかし、これは本来のメッセージを聴く基盤を、聴き手のこころのうちに作っていく不可欠の道程と理解しているように思われます。

したがって、トマスがこの弟子たちの群のところに帰ってきた、さきほども申しましたように、この十人は主イエスが甦られたことを知って、それを信じている者、主イエスにお目にかかったのですから、それを信じている、そのもとに帰ってきたということは、そこまで足を運んだということは、それは、もう、すでに、トマスが、信じよう、という気持になっていたのだ、といま申しました、ボンヘッファーが、同じ文章の中で言っています。それは、もう信じる気持になっていたのではないか、そういう用意をしていたのではないか、というのであります。考えてみますと、われわれは、主イエスの甦りを信じる、ということで、さきほども申しましたように、パウロの言葉として、使徒行伝に、書いてありますように、これを信じたい、これを信じなければ、人生は全部空しくなることを知っているのであります。甦りがなく、死で終るなら、この世の中などというものは、真面目に暮らすのが、おろかで、飲んだり、食ったりして、好きなようにする方が、余程いいのだ、とパウロ自身が言っているほどであります（第一コリント一五・一七―一九、三二）。実際そうなので、そういうほんとうに、どちらに行くか、この世の中を本気で生きていくのか、それとも、どうせ何十年かの命なので、それからさきは、もう真っ暗闇なのだから、まあ、なるべく楽しんで生きようというのが、ほんとうなのか、そういうほんとうに現実的な、そういう境い目のどちらにいくかということを、復活の事実がわれわれにつきつけているのです。われわれは、そういうことは、世の中を生きておりますす間にも、考えることでしょう。太く短くの方がいいか、細く長くの方がいいか、どっちにしても、とにかくこの世にいる間は、何とか、大事に、少しでも、享楽して、少しでも楽しんで、いこうと思うか、それとも、われわれの目の前にありますことについて、われわれは喜ぶでしょうし、楽しんでいくけれども、いつでも、次の段階を見ながら、次の世界を見ながら、生きているのか。世の中の生き方は、分けてみれば、そうしかないだろうと思います。

聖書が、この復活の朝、言っていることは、教会だけに通用すること、を語っているのではないのです。そうではなくて、このどちらを選ぶか、ということを、どの人間に対しても、あなたはどちらがいいのですか、と問うているのです。真面目に暮らしてみても、死で終るならば、そんな生活をしても、つまらないではないか。それとも、どんなことがあっても、わたしにはこの望みがあるのだ。この望みによって、生きていくのだ、と言えるか。あなたはどちらを選ぶのですかというのです。だから、見ないで、信ずる者は、さいわいだ、ということは、そういう目に見えない、けれども、非常に現実的な、非常にこの毎日の生活にかかわりのある、この信仰を受け入れることが大事だ、ということを、言おうとしているのであります。

そこで改めて、トマスが一〇人の、自分に先立って復活者イエスを信じていた弟子たちの所に帰ってきたということの意味を、ボンヘッファーの言葉として捉え直します。これもまたイメージ豊かな言葉です。聴く者は、実際に弟子たちの群れに帰るトマスの姿を思い起こし、しかも、それに教会の群れに帰る自分たちの姿を重ねることができるでしょう。そうするように招かれるのです。ここでは弟子たちは、もはや怖れに捕らわれてはおらず、むしろ、トマスに先立って既に信仰に生きていた者たちであり、そこに戻るトマスも、その信仰を共有していたと語られます。第一部におけるトマスの姿も、弟子たちの群れの姿も修正されます。このイメージの修正は、そこに復活の光が射したからこそ可能なのです。ここでは、トマスは、聴き手のなかにある、怖れにおいてではなく、神を信じようとする、悲しむ者たちと重なる姿を示すのです。

ここで説教は最高潮に達します。ここからは、神の名による言葉、福音のメッセージを正面から告げる言葉が続きます。ここでまた、説教者は、一度トマスから離れます。復活信仰の意味を語り始めます。しかも、復活信仰が、この世のなかで生きる生き方に深く関わることを明らかにします。人生のむなしさに、諦めを抱きつつ生きるのか、復活信仰の豊かな望みに生きるのか。そのどちらかでしかないのです。その「境い目」が明示されます。別の言葉で言えば、ここに人生の真実の危機（分かれ目）があるということです。竹森牧師も神の言葉の神学に立つと言えますが、この神学が危機の神学と呼ばれていたことを思い起こします。この危機は思想的に語られるのではなく、むしろ伝道のパースペクティヴにおいて語られます。この伝道のパースペクティヴは、先に言及した魂への配慮のパースペクティヴと重なり、この説教において重要な働きをしています。竹森満佐一は牧師であり伝道者です。聴き手に常に決断を迫ります。「あなたはどちらを選ぶのですか」。神の名において、復活の信仰に生きるかということを、「毎日の生活に関わり」のあることとして、聴き手は問われるのです。そのようにして竹森牧師はアッピールしているのです。

ここで、もう一度、トマスが、弟子たちのところに「帰る」ことの意味が問われます。ほとんどアレゴリカルな解釈（寓意的解釈）とさえ思われる理解が提示されます。しかし、聖書的に見ても、復活信仰に生きる弟子たちの集団とは、教会に他ならず、その意味で聖書に即し、トマスは、今教会に戻ってきたと語られるのです。そしてこれは言うまでもなく、聴き手の現実であり、聴き手へのアッピールとなります。教会は、キリストの傷を示すことはないが、復活者イエスに会える場所であり、証しをする、礼拝に生きる群れなのです。

このように、トマスが、この十人の、信じている者たちのところに帰ってきたことは、それは、主イエスを信じている群に帰ってきたことで、教会に帰ってきた、と同じことではないでしょうか。そして教会は、主イエス・キリストのみ傷を示すことはできません。ここにさわってごらんなさい、ということもできません、しかし、主イエス・キリストは、甦られたのだ、というトマスを納得させる、ただひとつのこと、もはや、トマスは、手も目も信じることができなくて、主イエスだけを信じたというように、主イエスについての証し、それは教会が、この礼拝をする群が、いつでも用意しているものだ、と思うのです。ペテロの第一の手紙第一章の八節に、たいへん有名な、そして、実に美しい言葉が書いてあります。「あなたがたは、イエス・キリストを見たことはないが、彼を愛している。現在、見てはいないけれども、信じて、言葉につくせない、輝きにみちた喜びにあふれている」。ペテロが、キリストにあんなに近づいておりましたペテロが、キリストなど一度も見たことのない教会の、若い者たちの信仰を見て、驚いている言葉です。つまり、自分としては、キリストを見ていながら、何度も、しくじった、ペテロが、キリストを見なくても、こんなに、熱心に、キリストを愛する者があると、言っている言葉です。

第三部の結びの言葉は、興味深いことに、この説教者の最も愛する聖書の言葉のひとつで終わります。分析上の分類から言えば、「テキストの言葉」として差し支えないのです。しかし、このような引用は「神の名による言葉」とも言えます。聴き手のこころのなかにキリストへの愛を呼び起こす言葉です。しかし、また聴き手のなかに既にあるキリストへの愛を語るとすれば「聴き手の言葉」でもあります。しかし、また何よりも、説教者のなかにある愛を語る「説教者の言葉」とも言えます。特に吉祥寺教会の礼拝で、いつも説教を聴いている者たちは、この聖句が説教者最愛のもののひとつであること、説教者にとってどれほどの切実な信仰の告白の言葉であるかを知っているのです。説教の語る中心的なメッセージは、しばしば、そのような複合性を持つのです。キリストにお会いしたことはないが、これをひたすら愛する愛が語られています。一度も目で見る形でキリストにお会いしたことはないが、今もなおわれわれをまっすぐに訪ねてくださるキリストの「熱心」に応える、キリストへの熱心な愛に生きる群れ、それは、この愛に生き抜いた説教者と共にあった教会でもあったのです。トマスもまた、このキリストへの愛に生きる群れに帰ってきたのです。ついでに言いますが、このキリストへの愛は、既に植村正久に見られるものであり、たとえば、ヨハネによる福音書第二一章が伝える、復活者イエスが、ペトロに、「私を愛するか」と問われた物語は、植村が、その生涯を通じていくたび語ったかわからないほどであったと思われます。高倉徳太郎にも、キリストへの熱い愛が燃えていたと言えます。この説教者は、その愛の伝統を受け継ぐひとであったと言えると私は思っています。

さて、われわれは、ここまで、読んでまいりますと、トマスが、わが主よ、わが神よ、と申しました、その意味が分ってまいります。あるいは、その背景が分ってくる、と思うのであります。この、わが主よ、わが神よという言葉は、これから後、いろいろにひろげられたり、形をかえてはまいりましたけれども、あらゆる教会の信仰の告白になりました。われわれの、信仰の告白も、いろいろなことを言っておりますけれども、結局は、主イエスに対して、わが主よ、わが神よ、と言って、告白する以外に、何もないと思うのであります。そして、これは、旧約聖書が、神について、書いている言葉であります。さきほど、イザヤ書二五章のところで読みましたように、神について言われている主、あるいは神という言葉がキリストに対して言われているのであります。つまり、一番疑い深い、そして、一番弱かった、トマスが、口にしました信仰の告白が、それからのち、二〇〇〇年の間、代々の教会の、ほんとうの信仰の告白になったのです。われわれは、神のおどろくべき奇跡を、ここに見る思い、がするのであります。ペテロが言ったことや、パウロが言ったこと、ではないのです。疑い深いという、あだ名がつけられました。――それから後にです――このトマスが、追いつめられたように、主の前で、告白しました、この言葉こそ、ほんとうの教会の命、になったのであります。

この説教者は、既に指摘したように、まず序論があり、続く本論を三区分で構成し、それに短い結びがあって終わります。この説教では、その一種のヴァリエーションでしょうが、説教の結びをなす部分が、第四部と呼べるほどの長い叙述となっています。これまでの三つの部分があって、初めて、「わが主よ、わが神よ」というトマスの告白が、教会の告白、われわれの告白、聴き手の告白となるのです。そこでまず確認するのは、世々の教会の信仰の告白もすべて、要するに、このトマスのキリスト告白に尽きるということです。イエス・キリストを主、また神とする、後の時代のニカイア信条に凝縮したキリスト告白の原型がここにあるとするのです。ここで、これまでにも明確であった、この説教の教理的パースペクティヴが前面に現れてきます。キリスト論告白は復活信仰と深く結びつくのです。そこで、「告白」という言葉が繰り返し登場し、ここでは信仰告白論とも言うべき神学的考察が重ねられるのです。これもまた、今日の教会の状況を見据えつつ、「教会の信仰告白」が確立されることを深く願う〈教会の牧師〉の言葉だと言うことができるでしょう。

疑い深いと言われたトマスの告白が、世々の教会の告白の基礎となったことに、神の恵みの奇跡を見ています。この文章も、「神の名による言葉」と呼ぶことができます。もちろん、それはわれわれにおけるキリスト告白にもまた共通することであり、われわれがキリストを神と告白し、礼拝することもまた奇跡であるという認識です。言うまでもないことですが、ここでトマスの弱さが強調されるのは、信仰の告白を支えるのがトマスではなく、トマスを生かす神の恵みであるということであり、そのようにしてわれわれに信仰告白を可能にする神の恵みを語りたいからです。それがこれから説教者によって明らかに語られていきます。

トマスは、この信仰の告白で、何を言おう、としたのだろうか。ひとつは、おどろきだろう、と思います。これは、ほんとうに、自分が夢にも思わなかったこと、そして、その噂をきいたら、そんなことはない、ない、と一生懸命に否定したこと、そして、そんなことがあったら、むしろ自分ははずかしい、と思っていたこと、そのことを知りまして、ほんとうに、おどろいたのでありましょう。おどろきと同時に、これは感謝のあらわれだろうと思います。自分は、これによって、ほんとうに救われた、これで、自分は、疑いから解放されただけでなくて、この世のもろもろの重荷から解放された、と思ったでありましょう。だから、わが主よ、わが神よ、と言っていますのは、わが主よ、わが神よ、わたしはあなたのみ業におどろきます、と言うと同時に、わたしは、あなたに、心から感謝しますと言うことだ、と思います。キリストを、わが主よ、わが神よ、と呼びますことは、われわれとキリストとの関係だけではないのです。それを、そういうふうに言える人は、自分が死から解放されたことを信じている人です。自分は、罪から解放され、自分が、キリストの恵みによって、甦りうることを信じている人、さきほど申しましたことで言うならば、この世の中の、大ぜいの人たちが、望みながら、見出しえない道に、踏みだした、その喜び、その感謝を、言いあらわすことだろう、と思います。そういうおどろきと感謝とが、ここに言われている、言葉の内容だ、と思います。

驚き、感謝、疑い、重荷、罪からの解放、未知の道に踏み出す決断が、告白において言い表されています。トマスとわれわれの告白とを重ねて考察しながら、説教者は、そのことを語っています。伝道者であるから、まずここで考えられているのは、洗礼入会式と結びついた告白であり、それを勧めているとも言えます。少なくとも、聴き手の中の求道者には、そのような意味を持ち得たと思います。しかし、またここでは、主日礼拝における教会の告白を考えていることは確かです。トマスも加わっている弟子の集団としての教会の告白です。内容の濃い信仰告白論です。信仰告白を重んじた、この説教者の本領が発揮されているところです。おそらく、これを語った言葉そのものが熱かったはずです。

しかし、もうひとつのことがある、のではないでしょうか。トマスは、大いばりで、わが主よ、わが神よと言った、のでしょうか。あるいは、自分が今まで、疑っていたことが、ただ、はずかしかった、というだけでしょうか。もう、自分は、この信仰を持ったから、大丈夫だ、といばっていたのでしょうか。マルコによる福音書の九章二四節を、ごらんになりますと、口のきけない子どもを、主のところに連れてまいりました、父親が、主イエスの前に、出てまいりまして、もし、できれば、いやしていただきたい、と申します時、主イエスに、おまえはできれば、と言うのか、とつっこまれまして、「主よ、信じます。不信仰なわたしを、お助けください」と言った、というあの有名な話があります。主よ、わたしは信じます。不信仰なわたしをお助けください、でありますす。自分の子どもをいやしてもらおう、と思って、主イエスのところへまいりまして、この人なら、きっと、いやしてくださるにちがいない、と思ったのです。けれども、まだ、一抹の不安はあった、であリましょう。あるいは、このお方が、ほんとうにいやす、という気になってくださるかどうか、ということにも、不安があったかも知れないのです。だから、もしできれば、と申しましたら、主イエスから、そこを、つっこまれて、わたしは信じます、どうか不信仰なわたしを、お助けくださ い、と申した、というのです。わが主よ、わが神よ、というのは、そののち、数え切れないほどの、信仰者の信仰の告白、になりましたけれども、しかし、だれが、得意になって、何か、そこらで、宣伝でもするように、いばって、わが主よ、わが神よ、と言うでしょうか。そうではなくて、主イエスの前にひれ伏して、わが主よ、わが神よ、と信仰を言いあらわしながら、どうか、わたしの不信仰を助けてください、わたしは弱い者で、いつ、しくじるか分らない者です、どうか、助けてください、という、そういう願いをもった祈りであった、ことでしょう。わが主よ、わが神よ、はキリストに対する祈りでありますが、そののちに、きっと、不信仰なわたしをお助けください、という祈りがあっただろうと思います。

さて最後に、もう一度トマスが登場させられます。疑い深いトマスとしての特質が改めて強調されます。トマスの告白をわれわれが継承しているという意味のことが語られています。マルコによる福音書第九章の、神の言葉の神学の信仰理解において、重要な働きをした、父親の信仰告白の言葉が、改めて引用されます。これもまた、先のキリストへの愛と並んで、説教者の神学、更には、その信仰における、最も重要な、急所とも言えるところであると私は思います。人間における信仰の可能性を論じて、人間には信じることは不可能であることを語ることは多いと思います。信仰は、むしろ、不信仰、あるいは無信仰とさえ呼び得るものと表裏一体であるとさえ言うことがあります。この説教者は、しかし、そこに留まらず、不信仰な父が祈っていることを重視します。そこで、告白とは〈祈り〉であるという、最終的な告白の言葉の特質が語られるのです。祈りへと会衆を導きます。それが、この部分に続く、〈神の名による言葉〉による、礼拝への招きとなります。それが最後の〈アッピール〉となります。教会の祈りは礼拝なのです。もちろん、このメッセージも、「神の名による言葉」とすることもできます。むしろ、はっきりそうしたほうがよいかもしれません。

われわれは、今朝、ここにまいりまして、みな、なにほどか、この信仰を与えられて、礼拝にきていながら、自分の信仰の弱さを嘆いているかも知れません。ですけれども、トマスが一体どんな信仰を持って、わが主よ、わが神よ、と言ったでしょうか。このお方は、わたしが、信仰を言いあらわせば、その信仰をも助けてくださるにちがいない、と信じていて、こういうふうに、言いあらわしたのではないかと思うのであります。わが主よ、わが神よ、と告白するもっともよい態度は、礼拝であります。なによりも、これは、キリストを拝む者の言葉であります。われわれも、この信仰を言いあらわし、今朝、礼拝をしたいのであります。

ここに説教の趣旨が凝縮しています。説教者の願いが凝縮しております。生涯を賭けていたのが何かを示す言葉です。大切にしている信仰告白もまた礼拝と固く結びついています。こころを込めたアッピールの言葉と言うことができましょう。

伝説によれば、トマスは、インドに伝道に行った、と申します。そして、今日、インドに、トマスの教会というのが、厳然として残っているのであります。そういう一派があるのであります。今、どこにも、パウロの教会、パウロの教派というのはありません。ヨハネの教派というのもありません。ペテロの教派というのもないでしょう。ですけれども、トマスの教派というのは、今でも、インドに残っているのです。

新約聖書が書かれましたころに、トマス行伝という本が、できました。トマスの福音書というのがでて、このごろは、新約の学界で、たいへんな評判になっているほどであります。一番あとで復活を信じた、一番疑い深かったこのトマスがインドまで伝道に行きました。当時のことであります。今でも、インドで伝道することは容易でないでしょうが、そのころのことであります、それは、どんなに、困難であったでしょう。そして、彼の名が伝わるような教会ができ、そして、彼の名をつけた、いくつかの本が書かれるようになったということ、われわれは、神の導きの不思議さに、心を打たれるのであります。

一番弱かった人間が、一番用いられたのではないか、と思わせるほどであります。これは、弱い、われわれにとって、限りない慰めであります。主の復活は、勇者に対するものではない、いつでも、罪深い者、そして弱い者、躓く者、そういう者をすくい上げて、そういう者に限りない命を約束する救いの福音なのであります。

説教の結びというより、既に語られたアッピールの余韻のような言葉が語られます。説教の最後の言葉、結論と呼び得るものを命題化して語ったり、ここで最後のアッピールをして終わったりというようなことをせず、むしろ、メッセージの余韻を残す語り方をするのは、この説教者にしばしば見られるものです。これが、説教にひとつの〈味付け〉になっていると言えます。最後にまたトマスについて語るが、これは聖書テキストによるものではありません。トマス伝説を語るのです。これは一種の例話であり、イラストレーションです。この説教者は、新約学者であるが、比較的多く、こうした伝説を積極的に語ります。トマス行伝、トマス福音書のような外典、更には、〈黄金伝説〉の類いを無視しません。聖書正典を厳密に考える説教者は、これに反発するかもしれません。しかし、こうした教会に生まれた伝説は、聖書正典の語る真理の言葉の余韻のような趣があるとも言えましょう。そこで何よりも、トマスが教会において大きく生かされたことは事実であろうと確認し、改めて、いちばん弱かった人間がいちばん大きく生かされる実例をここに見ます。しかし、これはパウロにおいても、繰り返して語られていることであり、パウロ的福音理解のトマスに即した展開とも言えます。そしてもちろん、改革者以来の福音主義教会の基本的福音理解です。こうして、最初に語られたトマス像が修正されるのです。福音に生きる勇気に生きてインドまで出かけたトマスが語られます。もちろん、そこには、怖れに満ちてうろついたトマスはもういません。教会に帰り、その教会から派遣されて、教会の群れを作るトマスの姿が語られます。そして、罪ある者を救う〈救いの福音〉がここにあると、改めて福音宣言をして、説教が結ばれるのです。

4　ローマ人への手紙第一章一九―二〇節

竹森満佐一牧師が、最初に刊行した連続講解説教は、ローマの信徒への手紙の説教です。これも、日本における講解説教集の代表的なものとなりました。韓国語訳も刊行されております。ここに紹介するのは、そのなかのものです。

この説教が説き明かしている聖書テキストは、ローマの信徒への手紙のなかでも、神学的論議が集中することが多い箇所のひとつです。一見、この手紙の中心主題とは関わりがないと見られてしまうこともあるかもしれませんが、いわゆる自然神学が論じられるときの重要な聖書典拠となることもあるテキストです。その意味で、これをどう説くかは、説教者にとっても重要な課題となります。しかし、どちらかと言うと、一般の日本の説教者、特に、そのひとなりの理解でキリスト中心の福音理解をするひとは、キリストについて語られることもなく、ただ自然における神認識の可能性を語るだけだと読めるこのテキストを、どのように説教してよいか分からなくなることがあると思います。そのために、あまり説かれることもないかもしれません。その点からしても、この説教者がしていることは、われわれの関心を呼ぶことです。積極的に、福音的に説いているのです。

この説教も既に『説教批判・説教分析』で取り上げたことがあります。それを、解説を書き直して再録しました。竹森満佐一の説教の特質を、よく表している代表的な説教だからです。

ここでも即テキスト説教の方法を取っていると思われます。つまり、「弁解の余地がない」という最後の一句に集中しています。ごく短い聖書の言葉が取り上げられているのです。そこで、神学的には、ここで見られるかぎりの自然神学の問題についても意識的に取り組んでいます。もちろん、神学者相手の議論をするのではありません。多くの求道者が混じっている普通の教会の礼拝の会衆です。自然神学と呼ばれる考え方が、聴き手の生活の状況において捉え直され、パウロの福音理解のなかに位置づけられていきます。説教者がいつも意識している弁証論的関心が、ここでも明瞭に現れるのは当然でしょう。また説教者自身の神学的思索（あるいは黙想）が、かなり前面に出て語られているのも確かなことであると思います。

原著が聖書テキストを掲げているので、それに従います。

なぜなら、神について知りうる事がらは、彼らには明らかであり、神がそれを彼らに明らかにされたのである。神の見えない性質、すなわち、神の永遠の力と神性とは、天地創造このかた、被造物において知られていて、明らかに認められるからである。したがって、彼らには弁解の余地がない。

フランスのすぐれた医学者で、深い思想家でもあった、アレキシス・カレルの著名な書物に、「人間――この未知なるもの」というのがあります。人間とは何か、という問は、いかにも青くさい、少し気取った設問のように見える場合もないではありません。しかし、人間の医学的構造について知ることにおいては、第一人者であったカレルのような人が、依然として、「この未知なるもの」と言っていることは、ただ興味ぶかいばかりではなく、おそろしいばかりに真実なことであります。

したがって、人間は、どのようにしたら、自分を知ることができるか、ということもまた、われわれにとっては、非常に古くありながら、また、いつも新しい問題であります。考え方によっては、人間のあらゆる努力は、このことに集中している、と言ってもいいかも知れません。なるほど、そのことは、もう分り切ったことのように思えたり、あるいは、それはどうせよく分らないことであるから、当分は不問に付しておいて、目の前のことに、努力を集中しよう、ということも多いにちがいありません。しかし、そういう場合にも、人間の一切の言動は、結局、人間の正体を暴露し、自分が何であるかを、探究することになってしまっていることに気がつくことも、一再ではありません。

先に述べたように、この聖書の箇所は、自然神学対啓示神学、一般啓示対特殊啓示などという図式で論じられることが多いところです。しかし、この説教者は、最初から聖書テキストを取り上げることなく、カレルの著書への言及から始めます。この著書については、これ以降論及することはありません。医学に詳しいカレルが、なお人間は未知のもの、果たして人間とはいかなるものであるのかという問いを提出していることを強調し、これが逃れられない問いであることを言うことさえできれば、カレルを引用した用は足りているのです。

「いかにも青くさい、少し気取った設問のように見える場合もないではありません」と言う説教者の感想めいた発言は、案外、この説教者によく見られるコメントの典型的なものでもあります。聴き手は、おや、と思うでしょう。自分たちは、そのような感想を既に持っているわけではないという反応が大多数でしょう。こう思っているのは、まず説教者自身なのです。しかし、この少し先の文章に、このような表現が見出されます。「なるほど、そのことは、もう分り切ったことのように思えたり、あるいは、それはどうせよく分らないことであるから、当分は不問に付しておいて、目の前のことに、努力を集中しよう、ということも多いにちがいありません」。これは明らかに聴き手の心中を読む言葉です。このようなところで予想される聴き手は、むしろ、青春期、「青くさい」時期を過ごしたはずの人びとでしょう。若い頃は、哲学を論じ、人間とは何かと、まじめに議論したことがあったという思い出はあるのです。しかし今は、目の前のことに労苦せざるを得ない人びとです。そのために、説教者が、ここで、人間とは何か、という問いを出しても、あまり切実に受け止めないかもしれません。そのような聴き手のこころを反映させた言葉と読むことができます。しかも、ここでパウロは、一般的な自然を論じているのではなく、ここにおける被造物とは、何よりも人間のことであることを明らかにします。これは決して牽強付会ではなく、こののち、ひたすら堕落した人間を語っていることを思えば、ひとつの正しい解釈の視点の設定と言えるでしょう。

説教者が用いる「非常に古くから」という表現がすぐに思い起こさせているのは、言うまでもなく、ギリシアの哲学の祖ソクラテスが、デルフォイの神殿において神託として聞いたという「汝自身を知れ」という言葉でしょう。人間とは何か、という問いは、自分が自分を知るという問いであり、それは常に新しく哲学、思想の歴史において問われ続けてきたものです。「青くさい」の一語で片づけられるようなものではなかったのです。「ただ興味ぶかいばかりではなく、おそろしいばかりに真実なことであります」。これもまた説教者の感想です。聴き手に同じ思いになることを求める言葉です。人間が分らない存在だということは、自分が分らない存在だということであり、興味本位で、つまり、客観的に考察し、議論できるようなものではなくなります。そのように言って、この箇所におけるパウロの発言も、たとえ神学的パースペクティヴにおいてであっても、自分を括弧にくくり入れたような考察はできないということを明らかにします。このように、聖書の言葉を聴く姿勢をまず整えさせることを、この説教者は多くの説教のなかで、よく試みています。聴く者は、ここで姿勢を正すよりほかなくなるのです。

濃密な内容を持つ、この説教の導入部であり、主題提示部と言える部分は、改めて聴き手の現実に直接触れる言葉で終わります。特に最後の文章は重要だと思います。人間は、人間とは何かを改めて問わなくても、自分の一切の言動が、人間とは何かを示しているのではないか、と言います。それは、しかし、「人間の正体を暴露し」という言葉で語られます。それは、決して、人間とは何かに対する、本来あるべき答えではないようです。意識的に、自覚的に与える答えでもないのです。思わず自分で暴露してしまうような正体でしかありません。そこで暴露される正体としての人間が、「おそろしいばかりに真実なこと」として、改めて「人間とは何か」を問わずにおれなくするものなのです。暴露される自分の正体に恐れを抱き、「私という人間はいかなる存在か」と問わずにおれなくなるのです。そこで初めて、パウロの言葉に出会う地点が見えてきます。この説教の冒頭の部分が、説教の最終区分で語られるキリストについての証言と対応していることは言うまでもありません。その意味では、既にここに、この説教者特有のキリスト論的な聖書解釈のパースペクティヴが明確にされているとも言えるでしょう。

聖書もまた、このことに無関心ではないばかりか、聖書こそは、それを、もっともよく明らかにしたものであることは、言うまでもありません。ローマ人への手紙は、神の義が啓示され、神の怒りが啓示された、と語っているのでありますが、それは、いずれも、人間に対して啓示されたことで、神が、このような措置をとられた、ということは、実は、神が、人間を、どのように見ておられるか、ということの証拠である、ということができるのであります。それは、神の義があらわされた、ということによって、もっともよく示されていますが、それよりもさらに直接には、神の怒りがあらわされた、ということによって、明らかにされている、と言っていいのではないかと思います。神の怒りが、不義をもって真理をはばもうとする人間のあらゆる不義と不信心とに対して、あらわされた、ということは、人間が、神の目には、どのように映っているか、ということを、示しているものである、と言うことができます。すなわち、ここに、神の人間に対する評価があります。それと同時に、聖書が、人間を見る見方も分るのであります。それは、神の方から見る、神の目から見ることであって、その時に、人間の正体は、はじめて、残るくまなく、照らし出されるのであります。これが、聖書の教える人間の見方であります。人間が、お互いにする見方は、仲間ぼめの抜けないものであります。したがって、その描き出す人間の姿は、思い上がった、いい気なものになりがちであります。この場合、合理的などということも、余りあてにはなりません。なぜなら、われわれは、理屈などは、自分の都合のよいように、どうにでも作りかえることができるからであります。それで、ここからは、人間の「あらゆる不信心と不義」の理由が、その実状とともに語られることになるのであります。

竹森牧師の説教を対比して読むと気がつくのは、他の説教ではとてもよく用いられる「思います」という言葉が、全編を通じて、ただ一度しか用いられていないことです。それに代わって、たとえば、この部分で繰り返されるのは、「ということ」という表現です。これは、言うまでもなく、説明する言葉です。最初に掲げる文章を、「ということは」という言葉でつなぎながら、言い換えていきます。論理的な筋道を立てるひとつの方法かもしれません。この言い換えを、聴き手が納得してついていけば、説教者の言葉の筋道を追うことができます。なかなかの理詰めの説教とも言えましょう。

この説教は、ローマの信徒への手紙の連続講解説教の一部です。この説教に先立って、一八節についての丁寧な説教をしています。そこで語られたことの急所が、ここで改めて語り直されています。つまり、ここで人間を問うのは、中立的な、あるいは無色の人間を問うというのではなく、神の義、神の怒りの対象となった不義に生きる人間を問うているのです。このことを踏まえて初めて言い得ることなのです。そこで、われわれの人間を見る視点の変換が迫られます。つまり、われわれ自身が人間を見ること、観察することが、人間を捉え得るのではありません。「人間が、神の目には、どのように映っているか」という問いに変わらざるを得ないのです。言い換えれば、聖書が、どのように人間を見るか、ということを問うのです。こうして、人間とは何かを問いつつ、聖書の言葉に耳を傾けて礼拝をすることの意味が明らかになります。説教を聴いている者たちに、今あなたがたは何をしているかを明らかにして見せているのです。

神の義が現されることによって、人間の不義が現されます。それは、人間の正体が暴露されることです。ここにも、「人間の正体」という言葉が意味深く用いられていることに注意してください。それが、容赦なく、残るくまなく「照らし出される」のです。聖書の言葉によって正体を暴露されることに対して「人間が、お互いにする見方」があります。啓蒙思想以来の、おそらくヒューマニズムの名で総括できるような人間理解の試みがあるのです。神抜き、あるいは聖書抜きで語られる人間理解は、所詮、「仲間ぼめ」ではないか。これはさりげない、しかし、痛烈な皮肉、現代人批判の響きがあります。ヒューマニズムは、仲間ぼめのオプティズムから自由にはなれません。そこで合理性を誇っても、理屈は、自分をほめるために、どのようにでも作り変えることができます。つまり不真実、不義の言葉となり得るのです。それは、このあとすぐに、「弁解」という言葉で総括的に捉えられます。

こうして、人間とは何か、という問いが、聖書テキストの主題なのではなく、人間の不信心、不義の実相と、その理由が語られているのだと、ますます説教のパースペクティヴが明瞭にされてまいります。ローマの信徒への手紙そのものが、この視点を明確にしているのではないかと言います。この説教者の聖書の読み方がどのようなものかが、このようにして明らかにされているとも言えます。

それならば、その人間の姿は、どんなものでありましょうか。それは、ここに用いられている言葉で言えば、「弁解の余地がない」（一章二〇節、二章一節）ということであります。

ここまでが説教の導入部ですが、それが同時に説教の主題提示になっています。講解説教と言いますが、明確に主題を持った、その意味では、主題説教的な形を取った説教となっているのです。従って、これもまた、即テキスト説教の典型とも言えるでしょう。人間とは何かを、人間自身が語るとき、それは常に「弁解」であることを指摘し、しかし、弁解不能であることを、神の言葉によってはっきりわきまえること、しかも、その弁解不能な人間に対する福音が何であるかを知ることを、聴き手、自分の教会員に体得してもらうこと、そこに、この説教の課題があります。ローマの信徒への手紙の基本構造である、律法と福音の言葉が説教者によって、このように取り次がれるのです。

弁解の余地がない。これは、人間にとって、まことにいやなことであります。それなのに、聖書は、神の怒りが、人間に対してあらわされたことについて、これは、人間としては、弁解の余地のない、甘受せねばならないことである、というのであります。一体、なぜそうなのであろうか、それは、不当ではないか、神の方に間違いがありはしないか、というように、人間の方からは、際限もなく「弁解」したい気持が、生まれてくるのであります。これに対して、聖書は、いや、弁解の余地はないはずである、と申します。神が不当なのではないか、こういう人間の声に対して、ローマ人への手紙は、たびたび真向うから答えようとしています（九—一一章参照）。

それならば、神は、なぜ不当ではないのか、人間には、なにゆえに、弁解の余地はないのであろうか、人間の方から言えば、いろいろと言いたいことがあるのであります。なるほど、われわれは、背いたかも知れない、しかし、それならば、なぜ、われわれを、罪を犯さないように、造ってはくれなかったのか、と言って、善を選ぶ自由を与えられ、道徳的責任を負うことのできる人格であるよりは、機械的に定められたロボットになることを、望むような議論も、われわれの気持の中には、始終、浮かんだり沈んだりするのであります。

この部分の最初の考察を結ぶこの文章は、人間の自由をも論じます。弁解の余地もないようなところに追い込まれた人間の現実について、神には責任がないのかと問います。神の人間創造の過ちではないのかと問います。そこに弁解の余地を求める議論があるのです。よくある議論です。しかし、それは、われわれ自身の自由を否定し、自分自身がロボットであったほうがよかったということにならないかと言います。それはまさに人格否定なのではないかと尋ねているのです。

しかし、それよりも、さらに強力な弁解は、われわれは知りませんでした、ということであります。何よりも第一に、われわれは、神よ、あなたのいらっしゃることを、知りませんでした、われわれを取り巻く自然の中にも、われわれの心の中にも、あなたが生きておられるという証拠は、少しも与えられてはおりませんでした、というのであります。神がいかに正しいお方であったにしても、そのことが、当の相手の人間に通じていなければ、何もならないはずではないでしょうか。それなのに、人間に対して、怒りを示されるということは、それは不当であります、とわれわれは言いたいのであります。それに対して、聖書は、弁解の余地がない、というのであります。なぜならば、「神について知りうる事がらは、彼らには明らかであり、神がそれを彼らに明らかにされたのである」（一九節）というのであります。神についての知識は、「天地創造このかた、被造物において知られていて、明らかに認められるからである」と念をおすように、聖書は、告げるのであります。

ここにも、この説教者の率直な言葉が語られます。弁解の余地がないと決めつけられるような思いは、「いやなこと」なのです。耐えられないことなのです。それが聴き手の心に生まれると、これから先の説教の言葉をも聴き取らなくなるかもしれません。ここで説教者が、一種の共感をもって、いやな思いを語り、その障害を乗り越える助けを与えようとしています。この文章に続く部分は、弁解の余地がないと言われるところで、なお弁解し、この断定を受け入れまいとする心が語られます。カルヴァンの説教について学んだセミナーで、久米あつみが、カルヴァンには、説教のなかで、一種の「せりふ」を言うような語り方があり、それが、聴き手との間にコミュニケーションを作っているとの指摘がありましたが、ここでも同じような語り方がなされます。カルヴァンに学んだのかもしれませんが、また、この説教者が既に体得していた、対話的な語り口なのではないかとも思います。聖書と聖書の言葉の聴き手である人間との対話です。そのために、これからしばらく、特に「人間」の立場を表す「人間として」という類いの表現が続きます。しかも、その人間が反論し、呟くせりふのなかに現れる「われわれ」は、まさに聴き手の「われわれ」でもあるのです。

説教者は、一般的神学論議をしているわけではありません。ここでは、聖書のテキストの言葉を聴き続けながら、神学的黙想をしていると言えます。そして、聴き手を、聖書の言葉を神の言葉として聴き取れるように導きたいのです。その意味では、竹森満佐一牧師の説教を、いわゆる〈演繹的説教〉の典型とする意見は間違っています。たとえばここは、まさに〈帰納的〉説教に近い足取りで語られています。人間、つまり、われわれとしての聴き手のなかにある弁解の余地を求める思いは、神についての無知の故の無罪を言い立てることになります。知らなかったものは仕方がないではないか。これはユダヤ人の問題ではなく、およそ人間一般の問題です。特に日本人は、神の言葉を聴く機会がなかったのだからと言いやすいのです。そこで律法ではなく、被造物において神は知られているはずだと断言されるのです。およそ被造物として、被造物の世界に生きる者にとって弁解のしようがない。それを告げる一九節の言葉が、ここで初めて引用されます。これは、準備を重ねて初めて聴き得る神の言葉なのです。こうして聖書の言葉が、聖書朗読の時に聴いたのとは異なる響きを立て始めるのです。

言いかえれば、神はあらかじめ、手を打っておかれたのである、ということであります。人間に対して、責任を要求される神は、人間に、それこそ、弁解の余地が無いように、用意をしておかれた、というのであります。そのことは、「被造物に」明らかである、と言われています。被造物においても、と言うが、実は、われわれ人間も、被造物のひとつでしかないのであります。ということは、神が、その、その御計画にもとづいて、われわれを、お造りになった、ということであります。

言いかえれば、神が、われわれに、神に服従して、真に生きることができるように、お造りになった、ということであります。それならば、われわれの周辺を見わたし、それを注意ぶかく、観察すれば、神が支配しておられること、われわれが、造られたことは、明らかに知られるはずである、というのであります。われわれの世界は、白紙に文字を書くように、何の制限も用意もないものではなかったのであります。思い切り羽をのばして、好き勝手なことをしたらいい、という世の中ではなかったのであります。そこには、計画者がおられた、そこには支配者が生きておられた、したがって、そこには、われわれが、避けることができない責任があったのであります。そういう用意は、十分に、ととのえられていたのであります。「それは、すべての口がふさがれ、全世界が神のさばきに服するため」（三章一九節）であったのであります。そこには、もはや「弁解の一片もありえない」（フィリップス訳）のであります。「ああ人よ、あなたは、神に言い逆らうとは、いったい、何者なのか」（九章二〇節）。

「神はあらかじめ、手を打っておかれた」という表現は見事です。後で「用意をしておかれた」と言い換えられているように、同じ事柄を言い表す言葉はいくらでもあったでしょう。しかし、「手を打つ」というのは、人間的な言葉ですし、またイメージを生む言葉、文学的とも言える表現です。そこで改めて内容の濃い考察がなされます。先に弁解の根拠とされた、神の創造のみわざが改めて語り直されます。われわれもまた被造物であるということは、ただ〈自然〉と呼ばれるもののなかに人間も入っているというようなことではなかったのです。神の創造によれば、この自然を含む被造物の世界に対して責任を持った存在として人間は造られていたのです。好きなことができる自由ではなく、この創造者に対する責任を負った、機械的ではない、自由な人格として生きるべき人間であったのです。この点では、人間とは何かを問うても、狭い自己の領域を出ることができない実存主義者の哲学とは異なる視点で人間論が語られます。しかも、ここでは、神がただ単に創造においてだけではなく、その計画において、支配において知られるべき存在でありました。つまり、創造の神であると共に、摂理の神としても認識されているのです。このような考察があって、改めて、これに続いて、先の「弁解の余地がない」という聖書テキストのテーゼが、もう一度語り直されます。それが、第九章二〇節の引用で終わります。弁解することが「言い逆らうこと」として捉え直されたからです。これは、明確な、神の名による人間断罪である。今は失われていることの多い説教の言葉ではないかと思います。ついでに言うとフィリップス訳という聖書翻訳は、大衆にわかりやすく訳したものですが、衛門的にはあまり評価されていませんでした。しかし、竹森満佐一はこういう聖書翻訳をよく用いました。

しかし、被造物によって明らかである、と言われても、われわれ人間にとっては、少しも明らかではなかったのではないでしょうか。第一、被造物によって、明らかなはずではないか、と言われていまさらのように、そうであったのか、と気がつくのは、今までに明らかではなかった証拠ではないでありましょうか。神が明らかにして下さったのである、と言われても、われわれ人間にとって、疑う余地のない明瞭なことでなかったとしたら、それは意味がない、ということになるのではないでありましょうか。もしそうであるとすれば、われわれは、また、自分たちの立場を弁解したくなってくるのであります。仰せのとおりに、御用意なさって下さったのであるかも知れません。しかし、われわれには、よくわからないような方法でなされていても、それをわきまえなかったからといって、われわれが責任を問われることはないのではないでしょうか。

説教者は、珍しいほど執拗です。しかし、これがこの説教者の特質でもあります。かつて、若い副牧師に、繰り返しドイツ語を用いて、「デンケンせよ」、つまり、「思索せよ」と教えたと伝えられますが、説教そのものが、思索です。われわれの使う言葉で言えば、黙想です。しかし、特にこの説教においては、論理的な思索、黙想が前面に出ています。この説教者は、自分がカルヴァンの説教に多くを学んだことを語り、そのカルヴァンの説教が、きわめて論理的であったことを強調しますが、ここでもカルヴァンに倣っているのかもしれません。そして、もちろん、より決定的なことは、ここにおける聖書の言葉に追随しているということであり、この聖書の語る言葉の筋道を明らかにして、聴き手が、この聖書の思考に習熟するように教えているのです。とにかくここでは、「われわれ（人間）」の「弁解」が依然として続きます。神の言葉に抵抗する人間の反論が続くのです。弁論の余地がないと言えるためには、神の啓示が「疑う余地のない明瞭」なものでなければならないということではないか。そう言い張るのです。

被造物によって明らかに知られると言われているものが、神の見えない性質と、言われていることは、興味のあることであります。見えない性質というのは、神の永遠の力と神性ということでありましょうか。あるいは、見えない性質が、見えるものによって、どのようにして明らかになるのでありますか。しかし、見えない性質が、どうして、神を明らかに知らせることができるのでありましょうか。見えない性質というのは、見えないということと訳せないこともありません。それは、余り極端であるとしても、見えない性質が、どのように明らかなのかは、責任のがれをしたいわれわれが、真先に、言い立てたいことではないでしょうか。

こういうことを読んで、すぐに思い出されるのは、一九篇であります。

もろもろの天は神の栄光をあらわし、
大空はみ手のわざをしめす。
この日言葉をかの日につたえ、
この夜知識をかの夜につげる。
話すことなく、語ることなく、

その声も聞えないのに、
その響きは全地にあまねく、
その言葉は世界のはてにまで及ぶ。

神の性質が一被造物によって明らかである、というのは、こういうことを指すのではないでありましょうか。もし、そうであるとすれば、それが分からないというのは、われわれの弁解の口実になるのではなくて、われわれの弁解の余地がない、ということになるのではないでしょうか。つまり、それほどに見えるはずのことが見えないのは、神が隠そうとしておられるのでないかぎりは、見えないと言うわれわれの方に責任があることになるのであります。

このパラグラフの最初に語られる「興味のあること」、これは全く説教者の感想です。聴き手に、この興味深さに気づかせる言葉です。説教者とは、聴き手に先立って聖書テキストを最初に読む者であるということがしばしば言われます。まさにここで、説教者は、聴き手に先立ってみ言葉を読み、それがわれわれの常識に逆らうものであることに興味を持ったのです。このような、われわれの思いに逆らう聖書の言葉を「おもしろい」と感じる感覚は、説教者にとって不可欠なものであると思います。見えている被造物において、見えない神の現実が見えているということは、いかなることなのであろうか。見えないものが見えるとはどういうことか、これもまた、本来弁解の根拠になりかねません。しかし、聖書の方が先にそれを明言するのです。これを、この説教者自身がおもしろがっているのです。

説教者は、詩編第一九篇を引用し、しかもその解釈は全く示さず、朗読するだけで、聴き手が詩編を了解することを前提としています。

われわれがあるセミナーで、この説教を分析した時、たまたまカルメル会の有力な指導者である奥村一郎神父が傍聴しました。セミナーを早めに終え、奥村神父からカルメル会について話を聴きました。早速、この詩編がカルメル会の沈黙を厳守し、黙想に集中する、ひとつの聖書典拠であることを強調されました。話すことも、語ることもないのに、つまり言葉を用いることなくして、なお全地に響く「言葉」とは何か。その言葉を聴き取るために、われわれは沈黙するというのです。また、カルメル会にとって重要な存在である十字架のヨハネの「暗夜」という考え方に触れ、ここでも知識を伝える「夜」が語られていることを指摘しました。これらは重要な指摘ですが、この説教者は、そのようなことには関心がありません。また、私もこの詩編では、終始、話すことはないが、それにもかかわらず、ここには伝えられる「言葉」があること、神に造られた自然が語る「言葉」が語られていることに、関心を持っています。つまり、ここでは、この言葉を、どのように聴くかが問われるべきであると思っているのです。

しかし、以下の考察では、「聴く」ことではなく、「見る」ことが問われます。見る言葉というべきものを自然は語るということなのです。これは当然のことであるかもしれないのですが、一考を要することであると、私は思います。いずれにせよ、見えない神が見えているはずなのに、それでも見えないのは、人間の責任だということになるのです。私は、しかし、見えない神は見えないのが本来であり、だからこそ、「聴く」ことが重要なのではないか、とも思っているのです。聖書においても、見ることができない神が、常に語り続けておられるのであり、それを聴かないことが罪なのです。自然もまた、それ自体が、言葉なのです。しかし、この説教で〈見る〉ことに関心が注がれるのは、神の〈認識〉の問題として、これを捉えているからであり、明らかに、これに続くカルヴァンの考察にも影響を受けているのではないかと思います。

カルヴァンが、『キリスト教綱要』の中で用いた、上手な説明を用いれば、どんなに美しい書物を見せられても、老年で目が弱っている人は、何が書いてあるか分らないのであって、ふたつの字をさえ、まとめて読むことができないのであります。しかし、眼鏡をかければ、見ることができるのであります。そうすると、見えないのは、見せ方が悪いためではなくて、見えないという目の方に問題があることが分るのであります。眼鏡をかけさえすれば見えるのであれば、見えるはずのものがあることだけは確かであります。われわれも、時としては、そうではないか、と思わされることさえあるのであります。それなのに、われわれの目の方が見えなくなっているのであります。視力を弱らせているものは、何でありましょうか。目をかすませているものは、何でありましょうか。

言うまでもなく、われわれ自身の態度であり、われわれの罪であります。色眼鏡で見るということがあります。あるひとつの色をとおしてみれば、見えるものはみな、その色に着色されるのであります。われわれは、何でも、自己という色眼鏡をとおさねば見ることができないのであります。それが、われわれの方の、弁解の余地のない理由であります。自分の濁った欲望をとおして見る者に、正しい見方ができるはずはありません。罪ある人間が見れば、見えるものも、見えなくなってしまうにちがいないのであります。さきほどのは、少しさきの方に、

主の戒めはまじりなくて、眼を明らかにする（八節）

と言っています。神がお望みになるように、被造物によって、明らかに、神について知りうることがらを知ろうとするならば、主の戒めによって、まず、目の方を明らかにしなければならないことが分るのであります。

人間の正体というものは・弁解する余地がない、ということにある、と言った、第二の理由は、ここにあるのであります。

カルヴァンの『キリスト教綱要』を手がかりに議論が進められます。神の啓示を論じることは、神認識を論じることと同じだとされます。そして、ここでは、神の名による断罪がなされます。判決がくだされます。しばしば自然神学的な議論において、理性が神を認識し得ることが主張されると言わ

れますが、ここでは、そのような楽天的な理性理解が斥けられます。単なる認識論問題ではなく、むしろ、これは信仰の問題であり、まさに不信仰の罪の問題であるのです。先に述べられた厳しいヒューマニズム批判と重なるものがあります。神の戒めに従わず、自己という色眼鏡を用いて理性の認識をも歪めており、それは自分の濁った欲望を通して認識するということでしかありません。その後半において、主の律法について明るく肯定的に語る詩編第一九篇の響きも、ここではむしろ、審きとして聴かれるべきものとされます。この断罪の言葉が、説教の第三部の結びとなります。

「しかし、それならば」と、またしても、われわれは弁解がしたいのであります。神が、被造物によって十分に、御自分について、お示し下さったことは、よく分る、そして、次に、それが分らないのは、われわれの目が明らかでないからである、と言うのも、それでいい、しかし、それだけなのでしょうか。現実に目が見えない人間が、このように、用意を与えられてみても、それでは、十分ではないのではないか、ということもできるのであります。また、それと反対に、もし用意されているのなら、聖書に言われているとおりに、われわれには、はっきり見えるはずではないのでしょうか。はたしてここにうたわれているとおりに、もろもろの天は、神の栄光をあらわしているのでしょうか。目の方に問題がある、というカルヴァンは、考えすごしをしているのではないでしょうか。われわれは、自然の美しさを見て、その見事さに驚き、天体の運行の素晴らしさに驚嘆するのであります。これらは、事実であります。それによって、不信心なものも、時には、神の力を思い、神の栄光に心打たれて、神を信ずるようになることがあるのではないでありましょうか。それなのに、人間に責任があると、どうして言えるのでありましょうか。

われわれは、始めが導入部を兼ねる第一部と数え始めたが、説教者自身は、最初に比較的長い導入部を置き、そこで、「弁解の余地はない」という主題提示をしており、それを本論の第一部、第二部と重ねて、なぜ弁論の余地がないのか、その根拠をあげてきたと考えていると言えるかもしれません。そうとすれば、この説教者の通例の説教区分の考え方、つまり三分法を、ここでも貫いていると言えます。いずれにせよ、ここから、これまで丁寧に積み重ねてきた黙想（考察）に解決が与えられ、それが説教の福音的メッセージとして聴き取られるための、なお説教者の努力が重ねられるのです。そのために、まず最後の弁解が行われます。しかし、この弁解をめぐる考察は複雑です。この説教の聴き手が一回聴くだけで、この言葉を十分に追い得たかどうかはよくわかりません。もっとも、これは書き改められた説教であって、実際に語られた説教は、このようなところで、より丁寧な説き明かしがなされていたかもしれません。とにかく文章を読んでも、少々難解です。ひとつには、これは、これに続くキリスト論的な説き明かしを導入するためのものであったとも言えるのであって、キリストの光のなかで、初めてよくわかる言葉でもあったのです。いずれにしても、これまでの考察では不十分なのです。キリストを待たなければならないのです。ひとつには、見えない人間の問題が解決されないからです。そして、もうひとつ、詩編第一九篇を受け入れて、いわゆる自然神学的な神認識、自然美や天体運行の妙に、神の力を認識することがあり得るということになるかもしれないが、しかし、そこでは、人間の責任が問われない、つまり、罪が問われないままになると言うのです。罪認識と、罪の解決、赦しがどこで起こるかを知り得ないかぎり、不十分だということになります。それは言い換えれば、一貫して人間の責任を問い続ける姿勢が変わらないということでもあります。

それを言いかえると、こういうことになります。主イエスは、ピリポが、「主よ、わたしたちに父を示して下さい」と申しました時に、「わたしを見た者は、父を見たのである」と仰せになりました（ヨハネ一四章八―九節）。あるいは、そのすぐ前に、トマスの質問に対して、「だれでもわたしによらないでは、父のみもとに行くことはできない」（一四章六節）と言っておられます。これらの言葉によれば、主を知ることなくしては、神を知ることは、不可能である、ということになります。そうであるとすれば、このローマ人への手紙の言うところと、矛盾するのではないでありましょうか。被造物によって、神について知りうることがらは、明らかである、と言うのならば、その場合には、別に、主イエスを知る必要はないわけであります。しかるに、ヨハネによる福音書の方によれば、主イエスを知ることは、神について知るためには、絶対に欠くことのできないことであることが分るのであります。このふたつは、どのように調和されるのでありましょうか。事実、われわれ日本人のように、異教の地に住んでいて、キリスト教の伝統の中におらないものにとっては、ローマ人への手紙の言い方が、非常に興味があるわけであります。キリストを知ることなくしても、神について知ることができる、と言うのだからであります。

そこで、ようやくここで、説教者が本当に問いたいことが語られ始められます。この部分の言葉は、きわめて明晰です。興味あることは、ローマの信徒への手紙の他の部分からではなく、ヨハネによる福音書からの引用によって、キリスト抜きの神認識が成り立たないという聖書の命題が立てられるのです。それは、キリスト抜きでも神認識が語られていると読める、このローマの信徒への手紙の命題と矛盾しないのか。キリスト者でない日本人、つまり異教の地に生きる者にとっては、とても興味深い問いであると思います。これはまさに、日本人である説教者としても、キリスト者としても、というだけではなく、キリスト者でない日本人も興味を持つであろうという思いを含蓄するものだと思います。そのような最後の弁解の言葉となる問いを、説教者は、日本人に代わって問います。しかし、これもまた本当は余地がないところでなされる弁論を生むことになります。

さて、ここで、われわれは、弁解の余地がないというみことばの、第三の、そして、最も大事な意味を知らねばなりません。まず、ここに書かれていることは、被造物によって、明らかに知ることができる、ということではないのであります。どなたがお読みになっても明らかなように、ここには、被造物によって明らかに知りうるはずになっていたのに、それを知らなかった、だから弁解の余地がない、したがって責任がある、と言っているのであります。言いかえれば、弁解の余地のないようなもうひとつの決め手を打っておいて、その上で、この説明がなされているのを、忘れてはならないのであります。それは、何でありましょうか。言うまでもなく、キリストの十字架と復活であります。神は、キリストの十字架と復活という事実によって、人間を弁解の余地のないところに追い込んでおいて、その上で、このことをお語りになるのであります。すなわち、神は、神の手だてを無視して、神を知らず、神をないがしろにしている人間を、十字架によってお救いになって、その事実の上に立って、このことをお示しになるのであります。ここには「もしも」とか「そういうことなら」とか言ったような言い返しができない事実があり、神の用意された救いという一線がひかれているのであります。でありますから、神については、被造物によって、明らかに知りうると書いてあるから、知りうるはずである、という理屈は立たないのであります。すでに十字架があることは、そうであったのに知りえない、ということが、確認されているのであります。

ここは、おそらく特に神学者たちの間に賛否両論が生まれるところであろうと思います。弁解の余地がないと聖書が語る決定的な論拠は、ローマの信徒への手紙の、この箇所が語ってはいないと思われる、キリストの十字架と復活であると言い切るからです。それは、ローマの信徒への手紙の第三章二一節以下に至るまでは語り得ないのではないかと、多くの者が考えるのではないでしょうか。しかし、説教テキストに即しても、既に第一章一七節が、神の義は福音において啓示されたと語っており、この福音は、キリストの十字架と復活を抜きにしては語り得ないとするならば、この説教者のように語ることは、当然可能になります。それを含めて、この説教者のキリスト論的な思考と、それに基づく解釈は、きわめて教理的と言うことができます。そしてまたそれはきわめて正統的なものなのです。

聖書は、宗教史学者のように、あるいは、宗教哲学者のように、人間の神認識の能力について論じているのではないと言った人があります。そういう研究について、論文を書いているのではありません。もしも、一九節と二〇節の前半だけが抜き出して書いてあるのなら、そういう解釈も成り立つかも知れません。しかし、二〇節は、後半に、まるで駄目押しのように、「したがって、彼らには弁解の余地がない」と明言しているのであります。この一句があるかぎり、この全句の解釈は、はっきり定まってしまった、と言ってもいいのであります。

説教者は、われわれもしてしまいそうなことですが、この説教をここまで聴いて首をかしげるひとの姿を想像しているのかもしれません。そこで、宗教史学者、宗教学者が期待するような言葉を聖書は語っていないと言います。つまり、これは宗教問題、いわゆる宗教における神認識論ではないのです。そこでは「弁解の余地がない」という言葉が聴き取られない、つまり、神の断罪の言葉を聴きそこなっているままなのです。罪が見えていない、罪を知ることのない神認識論は、聖書とは無関係です。説教の最初からの説教者の姿勢が、改めて明確にされます。こうした言葉と、それを語る説教者の姿勢は強いものです。〈神の言葉〉に仕えるものとしての強い姿勢なのだとも言えます。

つまり、弁解する余地がない、というのは、神が、御子主イエス・キリストをお遣わしになったからであります。御子が、われわれ人間のために、十字架につき、甦えられたからであります。ここに、人間の正体は、はっきりとあらわれたのであります。人間が、神の怒りの前にも、逃げ口上を言うことができないことが、はっきりしたのであります。人間が、神の怒りの下におかれ、それから救われるのであることが分るのであります。そこから、人間と自然の関係も、自然と神との関係も、はじめて、正しく理解することができるのであります。

この部分の説教者の語り口は、きわめて明瞭です。これまでの思索、黙想がひたすら語ろうとしてきたメッセージが、一挙に集約されて語られます。聴き続けてきた者たちは、ここで自分たちが聴き取るべきメッセージが何であったかを明確な言葉で聴かされ、これを受け入れます。これを受け入れれば、この説教の目的は達せられます。説教には、そのような言葉が不可欠です。これが、つまり、実は、この説教が最初からめざしてきた言葉が、ここではっきり語られます。説教の最初の部分で印象深く語られていた「人間の正体」という言葉が、ここに改めて登場したことには、だれもが気がつくことです。「弁解」は「逃げ口上」と言い換えられます。罪を犯したアダムとエバが、神の前で逃げ腰であったように、ここにおける弁解は、神の前からの人間の逃亡の試みでしかありません。それは自分の正体を見据えることからの逃亡でもあります。正体とは、逃れようのない、率直に知るべき救いのない人間の現実です。神の怒りの対象とならざるを得ない罪人の現実です。神を知ること、それは神の怒りをわきまえることです。だが、それが明らかになるところで、また「そこから救われる」こともまたよくわかることになります。このキリストの十字架と復活による人間認識が生まれ、人間とは何かが、よく納得されたとき、自然と神、自然と人間の関係もはっきり見えてくるのです。キリスト論を無視した自然神学論は成り立たないのです。説教者の神学は、この点、まことに明晰であると思います。

聖書を、一部分だけ、抜き読みすることは、まことに危険であります。それならば、聖書を、全体として読むには、どうしたらよいのでありましょうか。それは、キリストの十字架と復活に照らして、読むということであります。いや、強いてそうする、というのではなくて、聖書は、そういうように書かれているからであります。ある黒人霊歌の一節に、「主が十字架におかかりになった時に、あなたもその側にいましたか」と言うのがあります。そして、その答は、「わたしもいました」と言うのであります。キリストを離れては、われわれは、自分を知ることはできないのであります。

この説教もまた、一種の余韻を残します。そのひとつは、ここで、キリストの十字架と復活を決定的な解釈の視点としたことについての説明です。たとえ信徒が聴き手であったとしても、この点で釈然としない思いが残ったら、メッセージも届かないままになります。そこで本来、聖書解釈とは、聖書全体として読むこと、つまり、正典として読むことであり、それは、言い換えれば、どのテキストを読むにせよ、常に、「キリストの十字架と復活に照らして」読むことであると言い切ります。自分の聖書解釈の原点を明らかにするだけではなく、それがキリストの教会としての当然の読み方であると言い、そこから更には、聴く者たちが、自分で聖書を読むときにもわきまえていてもらいたい、〈聖書の読み方〉なのであることを明らかにします。

一般的に聖書解釈論として語ったかのように思われる言葉で、この説教は終わりません。ここで、そのように終わってしまうのは正しくないのです。説教者はそれを知っています。そこで改めて、最後に、よく知られている黒人霊歌に託して自分が語ったばかりのことを語り直し、それを更に言い換えて、説教の冒頭からの問いに答える「キリストを離れては、自分を知ることができない」という福音的告知、宣言を告げ、それをもって、説教を終えるのです。

5　ローマ人への手紙第五章三―五節

ローマの信徒への手紙はみ言葉の宝庫です。皆さんも、たくさんのローマの信徒への手紙の言葉を心に留め、それによって生かされているでしょう。しかし、そのなかでも際立った真理の表現があります。たとえば、第五章一節から一一節までの部分です。福音が凝縮しています。パウロが「信仰をぶつけるように」語っている、と竹森牧師が語ったのも、この箇所についての説教の一節においてでありました。説教者竹森満佐一もまた、そのこだまのように、自分の信仰をぶつけるように語っていると思います。

そこで、その箇所のパウロの言葉を説く竹森牧師の言葉を読むことにします。この部分は三回に分けて説かれています。次の説教は、その第二番目の説教です。

それだけではなく、患難をも喜んでいる。なぜなら、患難は忍耐を生み出し、忍耐は錬達を生み出し、錬達は希望を生み出すことを、知っているからである。そして、希望は失望に終わることはない。なぜなら、わたしたちに賜っている聖霊によって、神の愛がわたしたちの心に注がれているからである。

ほんとうの生命というものは、いつでも生きつづけているものでありましょう。これはあたりまえのことを言うようですが、われわれは、時々この事実を忘れているのではないかと思うのです。われわれの肉体も、昨日も今日も変化のない体があるのではなくて、たえず変わっているのだといわれます。細胞も、古いものは死に、新しいものが生まれて来るのだといわれます。してみれば、この体は、いつも新しくされているので、常に、新しい生命がつぎこまれている、といってもいいのではないかと思います。つまりそれは、いつでも新しく生きている生命であるということになりましょう。

何度も言いますが、説教の序説は、聖書テキストと聴き手の出会いを促す言葉が多いと思います。聴き手が新しい関心をもって聖書の言葉を聴くことができるように、すぐ聖書の言葉から始めないで、誰もが認めざるを得ないような人生の姿を見せます。それは「生命」です。それも、聖書の言葉に対してこころを開くことができるようにしてあげるのです。み言葉を聴き取りやすくするために、聴き手のこころを耕してあげるのです。ここでは、そのために、聖書の言葉から始めません。まず語るのは、「肉体」のいのちのことです。肉体が生きるために、その細胞が常に新しくされているのです。われわれが時々忘れる、このいのちの生きている事実、いのちは絶えず新しくされていることによって生きているという事実に気づかせます。この「事実」という言葉も、この説教において大切な役割を果たしていきます。

今朝の礼拝に与えられた聖句は、「それだけではなく」という言葉ではじまっています。何でもない言葉のようですが、それは、今までにもありましたし、一一節のところにも出ています。その上に、九節と一〇節には、なおさらという言葉が繰り返されています。「それだけでなく」「なおさら」とたたみかけて言う聖書は何を言おうとしているのでしょうか。ここには、言っても言っても足りないことがある、ということでしょう。さらに、それは、ただ、生命というだけでは足りないので、その生命はさらに次の生命を生むのだというのでしょう。とにかく、聖書は、神によって与えられる生命が、つきないだけでなく、語りつくせないほどに生命から生命へと飛躍する、と言いたいのであります。生命の書である聖書、ことにローマ人への手紙に、このような句が用いられることは、当然なことでありましょう。

そこで聖書テキストを紹介します。ここでは「それだけではなく」、「なおさら」というふたつの表現に注目させます。このパウロの言葉には、この説教者はとても興味を持っています。私は何度か、いろいろなパウロの手紙の説教において、これを強調する言葉を聴いています。このような言葉に出会うと竹森牧師を思い起こすくらいです。ここではただ単に肉体の生命だけではなく「神によって与えられる生命」を語ります。聖書が語る、その生命は、「言っても言っても足りない」豊かなものなのです。それは「生命から生命へと飛躍する」という言葉で集中的に表現されます。こういう、表現そのものがいきいきと飛び跳ねているような文章は竹森満佐一独自のものです。

しかも、聖書の約束する生命は、肉体の生命とは違うのです。肉体の生命は、新しくなるとは申しても、やがては老衰するものであります。日毎に新しくなりながら、全体として衰えて行くことを止めるわけにはいかないのであります。しかし、信仰の生活はそうではないのです。むしろその反対に、ますます生命が加えられるものであります。信仰生活の長い信者がやはり、信仰による生命を一そう多く持っている場合が多いのは、そのためだといえるでしょう。

ここで興味ある表現が出てきます。「信仰による生命」です。肉体の生命とは区別されます。肉体の生命には老衰が必然ですが、信仰による生命は老衰を知りません。それは「信仰生活の長い信者」を見れば、よくわかると言います。「信仰による生命を一そう多く持っている」ではないかと言います。信者は長生きするなどということではないことは明らかです。この信仰による生命とは何かが、この説教の主題です。さりげなく、こうして、説教序論のもうひとつの課題である、説教の主題提示がされるのです。

信仰者は、キリストによって神に対して平和を得たのであります。しかし、それで信仰生活は、行きつくべきところに行きついた、というのではないのです。「それればかりではなく」と、さらに言い加えねばならないことがあるのです。それから、いわば無限に広がって行く生活があるのです。それを言いたいのであります。それを言わねばならないのです。そして、われわれの信仰生活も、そのようにして新しい展開をつづけねばならないのです。

テキストの説き明かしに自然に移っていきます。ここは第五章一節以下を一単位として捉え、それを三回に分けて説いているのです。そのために出発点は、キリストにおいて与えられている神に対する平和です。しかし、それで信仰生活は達すべきところに達したというのではなく、むしろ、それが出発点です。そこから無限に広がり、展開される生活が始まるのです。信仰者は、それを生きるのです。生き続けなければならないのです。それが神のご意思です。神の必然が、ここで語られ始めます。

「そればかりではなく」というのは、どんなことでしょう。まずここには、はなはだ現実的な生活が記されています。五章のはじめは、神に対する平和でありました。ところが、それにつづいて語られるのは、現実にわれわれの生活の中に起こって来ること、すなわち患難であります。神に対して平和を得ている生活は、もちろん現実的であります。しかし、それは何か目に見えない心の中の生活のように考える人があるかも知れません。それに対して、患難は全くこの世の中の生活の特徴のようなものであります。現実的といって、これ以上に現実的なことはないでありましょう。患難というのは、「圧迫」という字から出たものであります。人間の歴史は自由を求める歴史であるといわれます。それは、人間があらゆる意味で圧迫の下にあることを示しているのではないでしょうか。圧迫といえば、政治的なことしか考えない人もありましょうが、ここではそれだけではありません。精神的にも肉体的にも、われわれの生活は、押さえつけられたようなものといえるかも知れません。そして、患難はその圧迫のもっともきびしいものでありましょう。

説教は、とても慎重に話を進めます。このためにはあらかじめ丁寧な黙想を重ねたことと思います。ここで、改めて「そればかりではなく」とパウロが語り進める意味を説います。まず与えられる神との平和、それは深く基礎的なものですが、「目に見えない心の中の生活」のことだと考えるひとがいるであろう、と一応その考えを肯定的に受け入れ、しかし、それだけではなく患難が与えられると言うのです。しかもそれは、目に見える現実の生活のことです。患難を、原語に即して「圧迫」と捉えなおし、それを更に、精神的にも肉体的にもわれわれを圧迫し、「自由」を求める歴史こそ人間の歴史だと言いたくなるほど、厳しい現実としてわれわれに迫るのです。

「それだけでなく」と言って、患難が出て来ることは、ある人々には納得のいかないことではないでしょうか。神に対して平和を得て、今は神を喜んでいる者たちにも、なお患難はあるのでしょうか。「そればかりではなく」患難もなくなってしまった、というのであれば、よくわかるのであります。しかし、やはり患難を語らねばならないところに、信仰生活の弱さがあるというのではないでしょうか。信仰生活は、地についた現実的なものでなければならないといわれます。その時には、信仰が働いて現実生活から、患難が除かれることこそ望ましいということらしいのであります。人間の生活を苦しめるようなことはない方がいいのであります。いやあってはならないというのです。そこで、もしも、信仰生活がその苦しみを取り除く力を持っていないとしたら、それは無力ではないか、という考えなのであります。だが人間の苦しみとは何でしょうか。それは、経済的に貧しいとか病気とかいうことだけでしょうか。そうではなくて、むしろそのほかに、多くの苦しみがあるのではないでしょうか。人間の生活にはそれだけではつくせない、無数といってもいいほどの苦しみがあるのではないでしょうか。たとえば、愛をめぐる人間の悲しみはどうでしょうか。苦労をしたことのない人は、軽蔑されるのです。人生がわかっていないとさえ言われるのであります。問題はいかにしてこれに勝つかであります。神に対して平和を得て、神を喜ぶ生活をする者には、患難は増し加わるかも知れません。あるいは、聖書はそれを知って、神に対する平和の後に、すぐに患難のことを言い出したのかも知れません。それならば、患難を語ることは、われわれの期待を裏切ることではなくて、かえって当然期待すべきことであったのかも知れません。

竹森牧師の説教は対話的です。ここでも対話をしています。「ということらしい」という表現が示すように、他人の考えを紹介しています。説教を分析するとき、説教を聴いている人びとの言葉、つまり「聴き手の言葉」が説教のなかで、きちんと聴き取られているかを問います。しかも、ここで紹介されているのは、教会員、信仰者の声だけではなくて、世の中で信仰とか宗教とかについて考えられていることをも聴き取っています。世間一般の宗教理解が問われているとも言えます。そこで問われる基本的なことは患難の問題、苦難の問題です。信仰が与えられ、神との平和を得たら、苦難が消えるはずである。それなのに、パウロは神との平和が与えられるだけでなく、患難をも与えられる、と言っているのではないか。しかし、キリスト者にだけは、その信仰のゆえに、かえって患難が増すのだというような、よくキリスト者が語るような議論はしません。人生において愛の挫折の悲しみなど、キリスト者であろうとなかろうと苦しみはあるのであり、むしろ苦労は人生において必然的なことだと言うのです。問題は、苦労があるかどうかではなくて、「いかにして勝つか」ということだと言います。聖書は、それを語るのです。

いずれにしても、神に対して平和を得たことで、患難がなくなるわけではないのです。神との関係からいえば、神に対して平和を得たら、何もかもうまくいくということではないということであります。それなら、その患難に対して、どうして勝つのか、ということになります。そのことと神に対して平和を得ることとの間には、どういう関係があるのでしょうか。実は、患難が起こったからといって、それに対する態度が特別につくられるわけのものではありません。そうではなくて、患難の中にあって、神に対して平和を得たことを喜ぶということでしょう。患難を喜ぶというのは、患難に対して、目をつぶることでもなければ、患難を大いに歓迎して修養しようというのでもないのです。患難が辛いのは、それによって自分を喜ばすことができないからであります。もしその中で、自分を喜ばさないで、神を喜ぶということであればどうでしょう。それは患難を起こす原因を無視することでもなければ、それが何かの役に立つからうれしいというのでもありません。患難の中にあってさえも、神に対して望みを持つことができる、神を喜びうる、したがって、患難そのものをも喜びとするということでしょう。ですから、神の栄光にあずかる希望について喜びえなければ、他のどんなことについても喜びえないのであります。

説教は論旨を進めます。それは、聖書の言葉、聖書の論理をゆっくりと確実に辿りながらの作業です。そこで語られるのは、誰もが知る人生の患難に遭っても、そのなかで神との平和を得ていることを「喜ぶ」ことこそ、信仰の特質だということです。患難をも喜ぶというのは、患難そのものを喜びとすることではありません。患難に耐える強さを得た自分を喜ぶことでもありません、信仰とは、そのような修養ができている自分を喜ぶことでもありません。そうではなくて、神を喜ぶことができるということなのです。それは神は望みを与えてくださるからです。それを「神の栄光にあずかる希望」という言葉で言い表します。この章で、既にパウロが語ったことです。そして同時に典型的なカルヴァン的な表現です。パウロの言葉を思いめぐらす説教者の黙想を支えるカルヴァン的な教会の伝統を感じさせます。神の栄光とは神が神であられるということです。その伝統が、いのちとなって、説教者を支えて生きているのです。

喜ぶという字は、ここでも誇るという字であります。神を信ずることとは、それほどに大きな力なのであります。「ここで今、試練と困難の中にありながら、喜びに満ちることである」と意訳している人があります。神に対して平和を得ていれば、やがてかの時に栄光にあずかりうるだけでなく、今ここですでに喜びにあふれた生活をするというのであります。それは、患難に打ちひしがれたみじめな生活ではなくて、人の前にも誇りうる生活であります。それは患難の中にあって、自分の喜びをはかっているようなものではありません。ゲーテという人は、非常に幸福に見える生活をした人であります。才能に恵まれ、環境にも恵まれたのであります。しかし、八十何年かの生涯の中で、ほんとうによろこばしい生活というものは、何週間しかなかったということであります。何をもってはかりとするのかであります。もしも、自分のことだけを考えていたら、この言葉はありえないでしょう。自分と神との関係において平和があるかないかが、一切を定めるのであります。患難の中にあっても大いに喜ぶという文章が、宗教改革者ルター以来、患難をも喜ぶと訳されても怪まれないのは、そのためであります。

ここで説教の本論の第一部は終わります。パウロが用いる「喜ぶ」という用語は「誇る」という意味だということは、竹森牧師が再三指摘することです。ゲーテは竹森の愛するひとです。しかし、ゲーテが喜びを知ることが少なかったということを批判的な視点で実例として取り上げます。誇らしい喜びは、神との平和にかかるのです。このことは、しかし、信じる者がひとしく知ることであり、だから「患難を喜ぶ」という訳文を受け入れています。それが改革者ルター以来の信仰の伝統だと言い切ります。ここまでが第一部です。

しかし、話は現実の生活のことであります。ですから、事柄は具体的に書かれているのでありま す。患難を喜ぶにはそれだけの理由が実際にあるのです。神に対して平和を得ているのが、その信仰の理由とすれば、ここには、事実において変化して行くものがあるから、それがいえるのであります。

ここから第二部です。この説教の中心をなす部分です。この聖書テキストは、日本のキリスト者が愛したもののひとつです。今では少なくなりましたが、色紙に揮毫したり、時には掛け軸にしました。達筆の墨字で書き、壁に掛けたり、床の間に掛けたりしたものです。私も子供の時に、文語文で暗唱することを学びました。キリスト者の人生訓として尊ばれたのです。しかし、人生訓として理解したとき、大きく福音からずれてしまうことがあります。律法主義化してしまうのです。キリスト者らしい人格の修養とか、心の鍛錬が語られているとしてしまうのです。福音が聞こえなくなります。そして、聖書テキストからずれるのです。それだけに竹森牧師が、これをどのように説いているか、大いに興味のあるところです。

そこでとても簡潔に、あまりにも簡潔でわかりにくいくらいですが、まずこう言います。患難を喜ぶというのは、現実の生活のことだ。神と平和に生きる者にとって、患難が喜びになるのは、現実に、患難が変化するからだというのです。患難、忍耐、練達、希望という変化です。

患難は何をもたらすのでしょう。ここには三つのことが書いてあります。忍耐と錬達と希望であります。三つのことについて、一つ一つ詳しく語ることはできません。あるいはその必要もないかも知れません。なぜなら、三つのものの目標は希望だからであります。神に対して平和を得ることと希望とが語られています。それが具体的に生活の中にとり入れられた時、やはり希望が目標のように語られても少しも不思議はないのです。しかし、そこに行きつく順序があります。まず、忍耐であります。聖書がどんなに忍耐を語るか、その一部はすでに読んで来たとおりであります。しかし、忍耐ということは、何と晴れやかでないように見えることでしょう。しかも、人が生きて行くのに、こんなに大切なことはないのです。それは、この世には患難があって、それはどうしようもないのだから、辛抱する練習が必要であるということではないのです。神の恵みを知ったものは、どこにでも恵みを信じうるようになるのであります。だから、どんなことにも耐えることができるのです。わがままな生活こそ、どんなにみじめであるか、知る人ぞ知るであります。

三つのこと、それはよく説かれるように、三つの修養すべき徳目のようですが、ここでは、そのような捉え方をしません。まず強調するのは希望です。希望が目標なのです。生きるのは希望を目指して生きるということです。それを確認したところで、そこに至る歩みは、まず何よりも忍耐だと言います。そこですぐに指摘されるのは、忍耐とは辛抱を練習することとは違うということです。練習の必要はないのです。神の恵みを知っている者は、どんなことにも耐えられるのです。そのような忍耐を知らない生活を、あまり説明しないで、「わがままな生活」だと言います。そして、そのような生活はみじめなものである、「知る人ぞ知る」みじめさ、自明のみじめな生活になると言います。こう言えば、自分の説教の聴き手は、すぐ理解すると信じている言い方です。

しかし、この三つの中で、もっとも理解しにくいのは、錬達であるかも知れません。希望が目標であれば、錬達は中心でありましょう。錬達というのは、熟練ということではありません。錬達の士などといって、人生の熟練工のようになることでしょうか。そういう人が、ここにいわれているような希望に到達することができるでしょうか。人間の世界の面倒なことにぶつかっても、ぼろを出さないで、見事にやってのけるような人になることでしょうか。あるいは、この手紙が書かれた頃に多くの人を感化したといわれるストアの哲人のように、何事に対しても心動かされず、無感動に過ごすことができる人のことでしょうか、あまり喜びもしない代わりに、悲しみにも涙一つみせないという人のことでしょうか。

ここで、特に練達とは何かを説きます。私は、この部分は、竹森牧師の説教の特質を示す見事なところだと思い、高く評価しているところです。一般に日本の説教者が説きがちな、人生の練達の士というような理解を退けます。人生の熟練工のような人物像を考えません。あるいは、ローマの信徒への手紙が書かれた頃、多くの人びとが感化されたというストア哲学が説く無感動に生きるひとでもありません。ギリシア語でアパテイアと呼び、パトスに振り回されないことこそ人生の幸せと説いた哲学です。喜びもなく悲しみもなくなり、動揺しない生活を理想としたのです。急所は、希望です。神の恵みと深く関わる希望に生き抜く練達とは何かです。

錬達という字は、テストに合格するという字であります。しかし、テストとはいっても、それは純粋さのテストのことなのであります。金の細工物をつくる時に、どれだけ純粋に金がはいっているか、そういうテストであります。だから錬達といえば、どんな事態にも巧みに身を処してゆくことではなくて、患難によって養われた忍耐によって、人間の中の不純なものが除かれて、ますます純粋になることであります。したがって、悲しみや喜びに対して無感動になるどころか、かえって、真に悲しみ真に喜びうる人になることであります。主が仰せになったように、悲しむ者とともに悲しみ、喜ぶ者とともに喜ぶのであります。それができるようになることでありましょう。カール・バルトという人は、何百年に一人というような天才的な学者ですし、その説くところは、神の栄光、聖さでありますが、その人柄は、子供のように無邪気な愉快な人だということです。練達は決して、無感動は生活でもなければ、複雑な心でもなく、神の恵みを知り、神に自分をたくすることにおいて熟達した人ということでありましょう。それこそ、まことに練達の人というべきでありましょう。

練達、それは純粋さのテストに合格することです。純粋なこころに生きる者は、真実に悲しみ、喜ぶことができるようになっているということです。人間らしい人間です。カール・バルトが実例として紹介されます。幼子のように無邪気に愉快に生きることです。それを「神に自分をたくすることにおいて熟達した人」というふうに表現します。このように説教の急所で、福音が凝縮させた言葉を語るところに、この説教者のすぐれた特質があります。聴き手は、こういう言葉を聴き取ることによって、説教の急所を聴き取るのです。

ここに、真の希望が生まれる根拠ができるのであります。練達というのはテストに合格したこと、つまり試験ずみということであります。その意味もすでに明らかになりました。それは鋼鉄で身を守った心ということではなかったのであります。いわゆる苦労人でもないのです。傷つきやすい柔らかい心の持主でありましょう。ただ、その流す涙を人間に向けないで、神に向け、神に拭ってもらうことを知っている人であります。それならば、いつも神に希望をつないでいる人であるといえましょう。苦労人もある種の望みを教えることはできましょう。人生には憂いは多い、しかし、何とかなるものだ、といってくれることはできましょう。しかし、それは希望というにはあまりに貧弱であります。この手紙を書いているパウロは、自分の身に与えられた刺が除かれるようにと、幾度となく祈った経験を持っている人であります。しかも、その度に、「わたしの恵みはあなたに対して十分である。わたしの力は弱いところに完全にあらわれる」（Ⅱコリント一二・九）、という神からのお答えをいただいたことのある人であります。これはまた何という希望でしょう。そして何という錬達でありましょう。ここでは、錬達は弱さを知ることであり、希望は神の恵みの豊かなることを信ずることだけでありました。聖書の語ることが、世の常のこととどんなにちがっているかを知るべきであります。

こうして説教本論第二部の終結部に至ります。とても美しい言葉を聴き取ることができると思います。じっくり味わうとよいと思います。説教を実際に聴いた聴き手も深くこころを揺さぶられたと思います。慰められたと思います。牧会者、魂への配慮に生きる者の言葉です。練達のひととは、「傷つきやすい柔らかい心の持主でありましょう。ただ、その流す涙を人間に向けないで、神に向け、神に拭ってもらうことを知っている人であります」。特にこの言葉はこころに刻まれます。われわれの涙を拭う神のみ手を感じさせる言葉です。

ここでは、この手紙を書いているパウロに言及します。コリントの信徒への手紙二第一二章のパウロの弱さの告白を引用します。そして言うのです。「これはまた何という希望でしょう。そして何という錬達でありましょう。ここでは、錬達は弱さを知ることであり、希望は神の恵みの豊かなることを信じることだけでありました。聖書の語ることが、世の常のこととどんなにちがっているかを知るべきであります」。まさしく「神の名」による慰めを告げ、アッピールして、高らかに恵みをたたえて第二部を終えるのです。

聖書は、五章のはじめに、二度希望について語ったことになります。神の栄光にあずかる希望がその一つです。これは信仰のことですから、信じて受け入れるべきことで、まちがいのないことでありましょう。だが、忍耐から錬達を経て与えられた希望は、くずれることはないのでしょうか。そこで、その希望の確かさを語ることは当然なことでありましょう。この希望の特色はなにか、それは失望に終わることがない、ということであると申します。希望が失望に終わるというのは、矛盾した言い方であります。失望は希望ではないからであります。しかし、われわれはよく、それは希望にすぎない、というではありませんか、希望は実現されないものと決まっているように、つまり、失望に終わることを予想しているように思っているのではないでしょうか。だから、希望は失望に終わらないというのは、重大な発言であります。ロシアの子供が遊ぶ時に、なぞなぞのようにいうことに、「一度持って失うのと、一度も持ったことはないが希望だけあるのとどちらがいいか」、というのがあります。子供の遊びにしては、少し深刻すぎます。しかし、どちらがいいかよりは、希望がかなえられないことが、こんなにあたりまえのようにいわれていることを考えてみる必要があります。

本論の第三部です。これまでのところより叙述は短くなります。最後に希望を説き明かすのです。パウロが、ここで語られる希望は失望に終わらないとわざわざ言っていることに注目させます。希望が失望に終わらないということは自明のことではないのです。「希望にすぎない」という表現があることに気づかせます。希望はかなえられないのがあたりまえだと思っているのではないか、という人間の悲しい現実に気づかせます。ここでも、そのことを対話をするような語り口で、ああ、そうか、と聴き手に気づかせるのです。そして、その分、聖書の語り口に気づくように導くのです。

「このような希望はふざけたものではない」という訳があります。あるいは、文語訳を記憶している方は、「希望は恥を来らせず」という訳をおぼえておられることでしょう。それの方が原意に近いのです。希望を夢のように持っていたために恥をかいた例は無数であります。しかし、この希望だけはちがうというのであります。それは忍耐と練達のためだけではありません。それには、動かない事実があるからであります。「なぜなら」であります。「なぜなら」と理由をわずらわしいまでにあげるのが、聖書であります。それは、どの話もいい加減なことでなくて、根拠があるからです。神のお与えになった根拠があるからであります。この場合は何でしょうか。それは、わたしたちに賜っている聖霊によって、神の愛がわたしたちの心に注いでいるからであります。「注いでいる」という日本語は少し意味がはっきりしないのです。これは、今注がれているのではなくて、もう注がれてしまっている、ということであります。過去のある時に注がれて、今もその効果が残っている、ということであります。もう注がれてしまった状態になっている、といったらいいかも知れません。われわれが与えられる希望は確かなものである、なぜなら、その根拠になることが、もうすでにでき上がってしまっているからだというのです。

問題は希望の確かさです。文語訳を紹介します。その方がパウロの原文に近いのです。パウロの言いたいことをよりよく言い表すのです。希望は恥を来らせない、なぜか。それは、明確な神の愛の事実に支えられているからです。神の愛が既に注がれているという事実がある。それが希望の確かさの根拠です。

すでに読んでまいりましたように、忍耐から生まれた錬達は、単なる人間の心の訓練された姿ではありませんでした。それは、もっともすばやく神に依り頼む魂のことでありました。それは心の様子ではなかったのです。そうではなくて、実に、神の愛によってはぐくまれて来たものであったのです。神の愛が注がれなかったら、どんな患難も忍耐も錬達もおおよそ無意味でありました。しかし、もしも、神の愛が裏付けになっているのなら、こんなに確実なことはないのであります。この希望は、希望的観測ではありません。都合のよい夢を見ているのではないのです。神の愛がそれを保証してくれているのです。それもすでに与えられて、今はもうそういう状態になっているのでありあります。すでに事実になっていることなのであります。それを、患難の中において学ぶのです。それを確保させられるのです。その信仰が養われるのであります。

練達というのは訓練の結果生まれたこころの姿、こころの様子などというものではない。もっともすばやく神に依り頼む魂のことだ。それは神の愛によって育てられるものだ。神の愛のみが与えられる確かな状態は既に事実となっている。患難のなかでそれを学ぶ。そこに信仰の養いがあるのです。それは説教者自身が自ら、そのように養われた信仰に生きているから言えることなのです。

しかし、神の愛が注がれていることがどうしてわかるのかという人があるでしょう。聖書はそれを見越して、神の愛は目に見えないかも知れない、しかし、われわれが受けている聖霊がそれを保証しているのである、というのであります。われわれに賜った聖霊によって、神の愛がわれわれに注がれている、という面倒なような表現は、こうして、与えられている希望のたしかさを保証してくれているのであります。神の御霊がいつこれをしてくれたのか。それは回心の時であるかも知れないし、洗礼の時であったかも知れません。いずれにせよ、これ以上に確実なことはないというのであります。「神が御霊をわたしたちに賜ったことによって、わたしたちが神におり、神がわたしたちにいますことを知る」（Ｉヨハネ四・一三）は、このようにして愛を注がれたものの立場をよく示しているのであります。

神の愛の注ぎは聖霊のみわざです。特別な聖霊体験がここで語られるわけではありません。回心のときだったかもしれないし、洗礼のときかもしれない、と言います。要するに、キリスト者としての信仰が与えられたときです。そこで既に神の愛を知ったはずなのです。ここで第三部が終わります。

「艱難汝を玉にす」といわれます。人間は苦しみにあえばあうほど立派になるのだということでありましょう。しかし、事実は何人の人が苦しい事情のゆえにきたえられて、玉とせられたのでしょう。かえって、その素材までもつぶされてしまう方が多いのではないでしょうか。しかし、信仰の生活においては、そうではないのです。それは、患難の中の生活も、神に義とされることからはじまって、聖霊によってわれわれの心に注がれた神の愛にいたるまで、ただただ、神の御業の中で行われているのであります。それだからこそ、患難がゆるぐことのない希望にまで導いてくれるのであります。ここでは、元も子もなくなることはありません。また、出来のいい人だけが成功するということもないのです。一たび神に対して平和を得たものが、どんなに幸いな生活をすることか、それを聖書は告げてくれるのであります。英国のある聖書学者は、ローマ人への手紙を意訳して、この部分を「たとえ何がおころうとも、われわれと神との関係は変わらない」という句で言い切っています。

最後に一行あけて、結びの言葉が語られます。誰もが知っている日本的なことわざが引用されます。そのことわざが語る言葉と聖書の言葉が、結局は、同じ真理を語っていると言うために引用されるのではありません。それとは反対です。むしろ、苦しみによって鍛えられるどころか、玉になる前に、素材のままつぶれる人も多いのではないか、と問います。やはり聴き手と語り合っています。だがパウロが語るのは、苦難にあって問われるのは人間の力であるということではなかったのです。神のみわざです。出来のいいひと、などというおもしろい表現が出てきますが、信仰生活において、ひとの出来が問われるのではないのです。神との平和を、一度得た者は、幸いな生活を生き抜くことがゆるされるのです。どんなことがあっても変わらない神との関わりを生きるのです。

6　ローマ人への手紙第五章六―一一節

ローマの信徒への手紙の核心部分のひとつ、第五章一節から一一節までを、ここでは三回に分けて説きます。その第三区分の説教です。とてもよく考え抜かれた説教だと思います。

わたしたちがまだ弱かったころ、キリストは、時いたって、不信心な者たちのために死んで下さったのである。正しい人のために死ぬ者は、ほとんどいないであろう。善人のためには、進んで死ぬ者もあるいはいるであろう。しかし、まだ罪人であった時、わたしたちのためにキリストが死んで下さったことによって、神はわたしたちに対する愛を示されたのである。わたしたちは、キリストの血によって今は義とされているのだから、なおさら、彼によって神の怒りから救われるであろう。もし、わたしたちが敵であった時でさえ、御子の死によって神との和解を受けたとすれば、和解を受けている今は、なおさら、彼のいのちによって救われるであろう。それればかりではなく、わたしたちは、今や和解を得させて下さったわたしたちの主イエス・キリストによって、神を喜ぶのである。

聖書の読み方というものは、大変に難しいように思われます。どうかすると、注解書などを見るとかえって難しくなるのではないかと思うほどであります。しかし、われわれは、聖書を全く自由に読む特権を与えられているのであります。自由にというのは、自分勝手にということではありませんが、別に難しい手続きを必要としないということであります。そういう点からいえば、聖書の読み方は非常に簡単であるともいえましょう。ただ、聖書は本来信仰によって書かれたのですから、信仰をもって読まなければ、わからないのが当然であります。キリストによる救いを証しして書かれた書物ですから、そのように読まねば、難しく感じられるのが自然なことでありましょう。毎日救いを求め、あるいは信仰のために戦っているならば、その事実に照らして読めばいいのであります。

とても興味深い導入です。どの聖書テキストを説く場合にも語り得る導入です。しかし、まさにこのテキストだからこそ、ふさわしい導入だとも言えます。

説教者は新約聖書学の教授です。聖書の専門家です。聖書は難解だから専門家が必要であり、その助けがなければ理解できないとよく言います。一般に人びとは、そのように考えます。ところが説教者は言います。聖書は難解だからと注解書を読むと、かえって、いよいよ難解だと思ってしまうのではないか。いささかのアイロニーとユーモアとをもって指摘する事実です。しかし、聖書を理解するのに難しい手続きなどはない、と言い切ります。自由に読めばよい。それでわかるというのです。ただし、ひとつの明確な条件は、信仰を持って読むことです。キリストによる救いを語る書物だから、それを信じて読めばよいのです。救いを求めるならば、つまり求道者ならば、あるいはキリスト者として信仰のための戦いをしているならば、その事実に照らして読めばわかるのです。聴き手のこころの急所に届く勧告です。

しかしいずれにせよ、聖書に言われていることとわれわれの生活の間に相ひびくものがなければならないでしょう。それでなければ、聖書が難しく思われるにちがいないのです。なぜことさらにこんなことをいうかといえば、ローマ人への手紙のようなものは、何か非常な複雑な理屈が書いてあるものだと思いこんで、自分の信仰に照らして読もうとしない傾向があるからであります。何かまとまった信仰の知識は与えられるように思うのですが、自分の信仰の生活にとって、深い共感を受けようとする用意が欠けがちだからであります。しかし、これを書いたパウロの気持は、決してそんなものではありません。この人は、自分の信仰を、まるでぶっつけるように書いているのです。彼は、神学の教科書を書くつもりではないのです。ただ、キリストの恵みを伝えたい、それを説明したい、それが彼の心からの願いであり、これを書く態度でもあったのです。

なぜこんなことから語り始めるのか。今、説教者が聴き手と共に聴いているのがローマの信徒への手紙だからです。この手紙は、豊かな福音を語る言葉ですが、同時に、とても難解だと考えられているからです。だから聖書学者も説教者も、この手紙を説くとなると特に力を注ぎ、一般のキリスト者も身構えて取り組もうとするのです。そのとき、「自分の信仰に照らして」読むことを失念するのです。そのことを言い換えて、パウロが「自分の信仰を、まるでぶっつけるように書いている」ことを失念してしまうと言います。この手紙は神学の教科書として書かれたわけではないと言います。キリストの恵みを伝えたいだけであったと言います。パウロの「心からの願い」から生まれた書物です。それを読み取ることが、ここでの課題です。ここを読むたびに、私のこころも動きます。感動します。説教者の心からの願いをも聴き取ります。信仰をぶっつけるように語るパウロの言葉を、深く共感しつつ聴き取ること、それに尽きるのです。使徒パウロの伝道者としての気概と、説教者竹森満佐一の伝道者としての気概が相呼応しているのです。

この五章六節から一一節を見ますと、そういうことがよくわかります。なるほど、ここに書いてあることは、神学の面倒な議論をひき起こしそうなこともありましょう。しかしまた、おそらくどんな人が読んでも、そこにいわれていることが、胸にひびいて来るようなものでもあるのです。その点からいえば、少しも難しくないやさしい文章であるともいえましょう。むしろたどたどしいように、一つの重大な事実を述べようとする様子が見えるのであります。

序論的叙述が終わろうとするところで、まとめて明確に語られます。ここのパウロの言葉は「胸にひびく」言葉なのであり、それを聴き取れば少しも難解ではないと言います。そして驚くべき言葉で結ばれます。「むしろたどたどしいように、一つの重大な事実を述べようとする様子が見える」文章だというのです。パウロの言葉のたどたどしさが指摘されるのです。こうして聴き手がパウロの言葉を聴き取る用意をさせて本論に入るのです。

「わたしたちがまだ弱かったころ、キリストは、時いたって、不信心なものたちのために死んで下さったのである」。たとえば、この句をとり上げて見ましても、この内容が信じられるかどうかは別として、この句の意味のわからない人は一人もいないでありましょう。しかも、著者がどんなにさし迫った気持で、しかも救われた者の確信にみちて、書いているかがわかるのであります。しかもそれは、この句だけでなく、次の句もその次の句も、同じようにやさしいのであります。その上たいせつなことは、ここには、同じようなことが繰り返し書かれているのです。キリストがわれわれのために死んで下さった、といって、そういうことは実はありえないことなのだということを、正しい人のために死ぬ人があろうか、善人のためにはどうであろうかと、繰り返して、だれにでもわかるように語りながら、キリストが死んで下さったことが、どんなに大変なことであるかを示そうとするわけでありあります。それは大変なことなのだというだけのことでありましょう。しかし、それをこうして語ろうというのです。これがわからないはずはないではないか、といいたいのであります。

こうして本論第一部に入ります。すぐに指摘するのは、「著者」パウロのこころを突き動かした事実があったということです。それはキリストの死です。「わたしたちがまだ弱かったとき」、「不信心な者たちのために」キリストが死なれるという大変なことが起こりました。あり得ないことが起こったのです。これがとても大変なことだったということぐらい、誰にだってわかるではないか。キリストの死、それはわかりにくいことだとは言いません。パウロ自身が、ユダヤ人には躓き、ギリシア人には愚かなことでしかなかったろうと、コリントの信徒への手紙一では言っています。それを承知で言います。キリストの死、それの大変さ、それはわからないはずのないことである、と。

「わたしたちがまだ弱かったころ」のことから考えて見ようというのであります。それは五節までに書いてある、患難をも喜び、錬達を生み出し、希望に生きる信仰者の生活からいえば、まことにあの弱かった時、ということになりましょう。どう弱かったのでしょうか。まず、われわれは、だれも自分の弱さを知っているのです。どう弱いかということも大切だが、それよりも自分の弱さに苦しむのであります。自分の生活や欠点に失望したり、悩んだりすることは誰もが経験することでありましょう。そういう中を行ったり来たりしてさ迷いつづけるのが人間であります。人間の生活は複雑であります。しかし、そのように悩む時には、あれもいやだこれも困ると言っていながら、実は、いつも一つのことを悩んでいるのです。つまり自分は弱いということであります。何かの時には、少し得意になってみるのですが、この弱さに気がつくと、実際自分は駄目だと思うのです。その時には、見事な書物でも読んだ時のように、このことから次のこと、そして結論というようには、とても考えることができないのです。ただ、道に行き暮れた旅人のように、同じところを行ったり来たりして、向うに行っては自分の醜さを見せつけられ、こちらに帰っては自分の無力を思わされるのであります。それはまるで精神の病気のようでもありますし、一本道を行きつもどりつして逃げ道のない人のようでもあるのです。

パウロの言葉を辿りつつ、黙想が始まります。言葉の意味を学んだり、詮索したりすることはしません。パウロの言葉を自分の信仰の生活のなかで味わうのです。あれこれ思い見るのです。自分の弱さを見つめます。自分の醜さ、無力、病んでいる姿、逃げ道を求めて見出し得ない絶望の自分を見ます。まるでキルケゴールの『死に至る病』を読んでいるようです。聴き手は説教を聴きつつ、深く自己省察に誘われます。

それは、まさにわたしたちがなお弱かった時であります。そういえば、この弱いという字は病気という意味に用いられることもあります。だがどういう病気でしょうか。病気の特長は、自分でなおせないことであります。われわれのみじめな弱さも、自分ではどうにもならないのです。しかも、それは自分に全く自信がないからではないのです。自分がほんとうに駄目だと思っているからではないのです。自分の自信がゆらいでいるのに、自信がなくなっているとは思えないのです。自分が悪いと考えることがどうしてもできないのであります。悔改めと後悔とは全くちがうのです。悔改めは自分が悪いと思うことです。後悔は自分は悪くなくて、ただ失敗したがやり方がまずかっただけだと思うことであります。しかも、この自分が悪くないと思うかぎり、われわれは自分の弱さから抜け出る道はないのです。しかし、真に悔改めて自分の非をさとることができると、われわれはこの行きづまりから抜け出ることができるのであります。

果たして説教者も、この弱さは病がもたらした弱さだと言います。罪という病がもたらしたものですが、まだそれを明言しません。しかし、明らかに、そのことを意識しながら語ります。病は自分ではいやせないと言います。そこで「みじめな弱さ」と言います。ハイデルベルク信仰問答が言う、罪は人間の悲惨をもたらしているという理解も背後にあるのでしょう。問題は、しかし、そこでなお自信が完全にはなくなってはいないのです。それはどういうことかと言うと、自分の悲惨をもたらした罪を認めようとはしないということなのです。失敗は認めます。しかし、それはやり方がまずかっただけで、根本的な過ちとは認めないのです。ああ、方法をまちがったな、しまったな、と思っているだけです。それを、ここでは後悔しているのだが、悔い改めているわけではない、と言います。後悔と悔い改めとは異なる、ということは、竹森牧師の口癖ではなかったでしょうか。私は何度も聴かされた覚えがあります。後悔は、自分自身のなかで、蛇がとぐろを巻くのと同じように、内へ内へと入り込み、ぐるぐる周りをしているだけだと言うのです。行き詰まっているのです。

その悔改めはどうしてできるのでしょうか。それは、ただ誰かに愛されることによるほかはないのであります。誰かが自分のために死んでくれるほどに愛してくれるということが起こらないかぎりは絶望なのです。自分の力ではどうにもならないのであります。それを考えると、われわれの絶望はつのるばかりであります。自分のようなもののためはおろか、義人のために死ぬ人だっていないではないか。善人のためには、多少は死ぬる人もあるかも知れない。しかし、この自分のために、そんなにまでしてくれる人がはたしてあるだろうか、と思うのであります。ところが、キリストが、このつまらないみじめな、自分で何の取柄もないことの分かっているわたしのために死んで下さったのだと思うと、キリストのして下さったことが、どんなに大きなことであったかがわかるのであります。パウロは、別にキリストの死の内容の説明をしようとはしないのです。このわたしのためにキリストが死んで下さった、それで神の愛がわかった、というだけなのです。しかし、それで、袋小路にはいっていたようにみじめだった自分が、息がつけるようになったのです。義人のためでも善人のためでもない、自分で自分がどうにもならないのに、キリストが自分のために死んで下さったのであります。

ここで説教者は驚くべきことを言います。無駄な後悔から、悔い改めへ、その転換は、どのようにして起こるのか。誰かに愛されることによるよりほかに道はない。これはパウロの言葉をなぞるように言い換える言葉です。みじめなだけで、「何の取柄もない」自分のためにキリストが死んでくださった、そのようにして自分を愛してくださったことを知ることによる以外にないと言うのです。パウロは、ここでキリストの死の内容などを語りません。キリストの死、そこに神の愛がある。それがわかれば、それでよいのです。そのとき行き詰まって息ができなかった、絶望していた私が息ができるようになった。パウロが言っているのは、その事実だけだと言います。「義人のためでも善人のためでもない、自分で自分がどうにもならないのに、キリストが自分のために死んで下さった」。パウロの信仰の言葉を自分の信仰の言葉として言い表します。ここで、本論の第一部の語るべきことが語り切られるのです。

「時いたって」というのです。キリストはただわたしのために死んで下さったのではなかったのです。神が時をはかり、ご計画にしたがって、最も適当な時機にこのことをして下さったのであります。これは、どう考えても特別なことであります。ただ、神の愛の大きさとたしかさに驚くばかりであります。カルヴァンは、「われわれが神を愛してその愛をうながさないさきに、神の方がわれわれを愛して下さったのである」と申しております。

本論第一部の終わりです。そこで「時いたって」という一句について一言、簡潔な言葉を語ります。しかし、急所に触れています。この時は人間が測って定める時ではなく、神が、そのご計画に従って定められた時です。そこでもう一度強調されるのは、キリストの死が、このパースペクティヴにおいても「特別なこと」なのです。神の愛の大きさは、われわれの愛に先行する愛であるということにおいても明らかです。この説教者は、カルヴァンを重視します。カルヴァンを引用するときには、その名を明確に、むしろ強調して口にします。それは、説教者がどこに立っているかを、そのたびにあきらかにしているのです。

パウロは、一本一本釘をさすように、神のわれわれに対する愛の確かさを語り聞かせるのでありま す。そしてその最後は、われわれがなお罪人であった時に、ということになります。神は愛して下さった、その愛は、どの例に比べてもまさるものであるといって、それに駄目を押すように、それは、実にわれわれが罪人であった時のことであると、申します。つまり、罪人をさえ愛して下さる、それが神の愛なのである、というのです。

第二部に入ります。この説教の中心部です。すぐに注目すべき表現に出会います。またパウロの語り口についてです。「一本一本釘をさすように」と言います。大工の棟梁が念入りに間違いなく仕事を進める手つきを思い起こさせ、思わず、その手元を覗き込むような思いになります。「駄目を押すように」とも言います。そのようにして神の愛を語るのです。その語り口が説教の語り口にも映されているように思います。そのようにして「罪人をさえ愛する」神の愛が語られるのです。

こういう比較こそ、パウロが念を押して話をする仕方であります。この五章でも、すでに三節に「それだけではなく」といい、九節と一〇節とに「なおさら」といい、一一節にまた「それぱかりではなく」というのです。パウロは、神の愛を語るのに、たたみかけるように「それだけでなく」

「なおさら」といわないではおられないのです。彼の心の中に、湧き上がってくるように、それを語るのです。それはもはや一つの話し方ではなくて、彼の胸の高鳴りを聞かせるような気持であったでしょう。そうでもしなければ、この話は正しくはできないのだと思っているようにさえ見えるのであります。

この説教者が関心を持つのは、言葉に対する関心も深く、感覚も豊かだったからでしょうが、パウロの言葉遣いです。そのひとつが、日本語で「それだけでなく」、「なおさら」と訳される言葉遣いです。「たたみかける」という言葉遣いです。レトリックに対する関心とも言えます。しかし、ここでは、そのようなものの言い方は、パウロの内面から湧き上がる言葉なのだと説明します。単なる理論的説得のレトリックなのではないのです。神の愛の出来事に巻き込まれて、伝道者の「胸の高鳴り」が聴こえてくるような語り口なのです。この使徒の内心の声を聴き取っている説教者自身の胸もまた高鳴っているのでしょう。そのようにしてこそ、説教の正しい語り口も生まれているのです。

ところが、第九節の「なおさら」は少し意味がちがっています。口語訳では「義とされているのだから、なおさら、彼によって神の怒りから救われるであろう」となっていますが、この「なおさら」は一番はじめに来る方がいいのです。「なおさら、われわれは、義とされているのだから」と読むこともできる文章であります。もちろん、それでは少し読み方がおかしいように見えますし、結局は、口語訳のような意味になるのかも知れません。しかし「それだけでなく」「なおさら」「なおさら」「それればかりでなく」と盛り上げてゆくパウロの気持は、文章が少しおかしく感じられるほどであってもいいのではないでしょうか。そうでもしなければ、このことは語れないということがたいせつな点でありましょう。

説教者は原典を読み、翻訳を読み比べます。そして、少々言葉や論理の乱れも感じたのでしょうか。しかし、それだけ、ますます強くパウロの気持ちの盛り上がりを感じ取ります。そうして、ここでの語り口が、伝道者の語り方から必然的に生じて来るのだと思っているのです。

われわれがなお罪人であった時に、われわれのためにキリストが死んで下さることによって、神は愛を示して下さったのであります。正しい人、善人というのに対して、罪人であった者にという比較は、神の愛の大きさを示してくれるものであります。しかし、話は、弱かった時ということからはじまっているのです。それなら罪人だった時というのは、弱かった時のことでありましょう。実は、これこそ、パウロがはっきりいいたかったことなのであります。弱かったというのは罪人だったということにすぎません。それでなければ、神の愛のことは、ほんとうには分からないのであります。なぜなら、罪人であった時というのは、弱いだけでなく、神の敵であった時ということだからであります。神の愛の大きさは、敵に対してもこのように示されることに最もよく見られます。敵を愛せよというのは、神においてすでにはじまっているのであります。キリストの死は、罪人のためであって、弱い人のためというのを、ただ人間の弱さと思ったとしたら、とうてい聖書のいう意味は分からなくなるのです。ですから、新しい「なおさら」が出て来るのです。一見してはつながらないように思われることに、真の連絡があるのです。

われわれが正しいひと、善なるひとであったときではなく、罪人であったときに、キリストがわれわれのために死んでくださったということは神の大きさを示します。そこで罪人であったとは、弱かったときということです。そこで改めて、われわれの弱さとは罪にほかならなかったということにしっかり気づいているように言うとともに、それは神の敵であったことを意味すると言い、主イエスが山上の説教で説かれた敵への愛は、既に神の敵であったわれわれのために死んでくださったことが示す神の愛によって実現されていると言うのです。私が吉祥寺教会におりましたとき、このローマの信徒への手紙第五章の説教を聴いたことがあります。そのとき、われわれは神に対して不倶戴天の仇の関係にあったのだと説かれ、いささか驚きつつ聴いたことを覚えています。

われわれはもうすでに、神によって義とされているのであります。それは、もう何度も繰り返すように語って来たのです。それも普通の方法ではなくて、キリストの血によってなされたことなのであります。それならば、なおさら、神の怒りから救われるはずではないか、というのであります。それならば、神の怒りをおそれる理由は全くないではないか、ということであります。愛せられるものは、何がどうあろうと、その最大の特長は、愛してくれる者をおそれないのであります。ひとからはこわがられている父親も、愛を信じている子供は少しもおそれないで甘えるのです。神によって義とされたわれわれは、神を恐れる理由が全くなくなった、という一節からの話が、ここにまた新しく生きて来るのです。いや、パウロは、それだけがいいたかったのかも知れません。神に対して平和を得たといえば、もうそれで十分のようであります。平和を得たものが、恐れなくなるのは不思議なことではなく、この二つは全く一つのことでありましょう。しかし、それは理屈でしかありません。キリストの愛を受けた者は、その愛を思うごとに、その愛の無限に大きく多方面なことが分かって、その一つの面にふれるごとに「それればかりではなく」「なおさら」といわないではいられないのであります。たたみかけて論理を追うようでありながら、実は、パウロの本心からいえば、神の恵みに対する讃歌をうたい上げていることになるのでしょう。信仰の告白というものは、信仰の規定であるだけでなく、同時に、信仰の讃歌なのであります。それが、昔から教会が伝えて来たものであります。

竹森牧師は、説教を聴く者と共にパウロの言葉を、まことに単純に読み直し、頷いているような説き方をします。ここで一種の神学議論を重ねるようなことをせず、これまでも何度も聴き、語って来たにちがいない言葉を、新しい感動をもって聴き、語ります。ああ、そうだ、神を恐れる理由がなくなったのだと感動します。そこでまた新しい発見をしたかのように語ります。ああ、そうだ！　ここでパウロは神を賛美しているのだ、と！

そこで、次の「なおさら」になります。この「なおさら」が、前のものと同じであることはいうまでもありません。怒りから救われるといっていたものが、今度は敵との和解ということに話が変わって行くだけであります。これは全く同じことであり、一節の神に対する平和の言いかえにすぎないことも、だれの目にも明らかなことであります。しかし、ここには、もう一つ新しい話がはいって来るのです。それは、今までは、キリストの死とわれわれの救いの話であったのに、今度は、キリストのいのちが語られて来るからであります。十字架の上に死んで下さったキリストは、その死をもって終わられたお方ではなかったのです。その死は、今われわれが回想して涙を流していればいいものではないのです。このの死をとげられたキリストは、よみがえって天にかえり、今われわれの内にいのちとして働いておられるお方なのであります。ただ、そのいのちの力がどうして分かるのでしょうか。それは、敵であった時にその死によって生命を受けたのであるからであるというのです。あのようなことさえあったのなら、いのちによって救われることは当然なことであります。だから、そうなるはずだと言っているのではないのです。だから、今いのちによって救われているこの状態は、うそではない、不確かなものではない、というのです。

本論の第二部は、パウロの言葉の急所を押さえながら聴き続ける作業をしています。そのようにして、主の十字架の恵みを数えていきます。そこで導かれるままに、ここでは、キリストの死とともに、そのいのちを語り始めます。甦りのいのちです。このいのちは、ただこれからの賜物として待つものではありません。神に敵する罪人であったとき、それは死ぬべき者であったとき、生きていても死のとりこでした。しかし、キリストが死んでくださったとき、その死のとりこであったわれわれの解放が既に起こっていました。既に今いのちによって救われており、不確かさは消えました。今いのちに生きているということは「うそではない」確かな現実なのです。

信仰は、死で終わるべきものではありません。信仰において死ぬるものは、罪と自我と死そのものとであります。信仰は人を生かすものであります。いのちを与えかつ豊かに与える、とヨハネがいっているいのちがなければ、救いはないのです。おそれのあるところにはいのちはないのです。怒りを感ずるところにもいのちはありえません。平和と愛と和解のあるところにこそ、いのちが溢れるのであります。救いというのも、死からの救いであります。罪と死との支配から解放されて、今は、永遠の生命を与えられているのであります。御子の死によって和解を受けた身であります。御子のいのちに生かされるこの生活はゆるぎないものであります。

第二部が終わります。神の名による言葉、これまでの聖書の言葉、説教の言葉が集中的に表現される部分です。どれも省略できない言葉です。ただひとつのことだけ注意を促しておきたいと思います。多くの説教のなかで繰り返し語られる新しい生活をしようというような勧告、促しが語られてはいない、ということです。そうではなくて、今既に聴き手は永遠の生命が与えられているということです。既に神の恵みの出来事のなかに立たせられているという事実が告げられるのです。神のみ子の死によって和解を与えられ、そのいのちによって生かされている、この生活にはゆるぎはない、と宣言されて、第二部、説教の中心部は終わります。

そして、最後にもう一度「そればかりではなく」であります。パウロは、こういう言葉を積みかさねながら、どんなに喜びにみたされたことでしょう。あれもいいたい、これにもふれておきたい、そして最後には、いのちと救いを語って、彼は酔いしれた者のようになったことでしょう。福音というものは、そういう性質のものでありましょう。嬉しい話というものは、言葉はととのわなくても、舌足らずに思われても、前後が矛盾しても、何でもいいから語りたいのです。ただ話したいのです。ただ訴えたいのです。それで自分はすっかりいい気持になるのです。それでもまだ足りないのです。そして、ついには歌いたくもなるのでしょう。

本論第三部は簡潔です。説く聖書の言葉も最後の一節です。また「そればかりではなく」という一句から語り始めます。パウロの言葉が生まれてくるパウロ自身のこころを思い浮かべます。喜びに溢れ、陶酔するこころです。ここで「酔いしれた者」という言葉が出てくることにも驚きます。説教者自身が、神の愛に陶酔していないと語り得ない言葉です。すっかりいい気持ちになっている、と言いつつ、「それでも足りない」と付け加えます。これほど高揚する言葉を竹森牧師が口にしていることは、まことに驚くべきことです。これを語るところに、この説教者の秘密があります。言葉足らずでも、矛盾していても、「ただ訴えたい」、アッピールしたいのです。

さて、そういう喜びは、福音を語るという気持をあらわしたものなのでありましょうか。嬉しいことを語るから楽しいということでしょうか。そうではないのです。少なくとも、そればかりではありません。彼が今喜び楽しむ具体的な生活があるのです。彼が福音を語って喜びにひたっていることは事実です。しかし、それ以上のことがあります。それは、キリストのいのちによって与えられた者の生活であります。救われてどうなったのでしょう。信仰生活を語る者は、よくこのことにとまどうようであります。救われたといっても、別に自分に何の変わったことも起こらないではないか。救われてしまえば、あとは、もう退屈な生活が続くだけではないか。何かをしなければ、信仰生活も面白くないのではないか。というようなたぐいの気持になやむ人も少なくないかも知れません。しかし、パウロはそうではない、というのです。「そればかりではない」といえることがある、それは、神を喜ぶことだと申すのであります。

説教者は、パウロと共に高揚しています。聴き手は取り残されているのかな、と疑うひとがいるかもしれません。しかし、そうではありません。ここでも対話をしています。ここで、そのような聴き手が抱いているかもしれない思いを想像します。それは救われたと言っても、結局は、面白くない、退屈な生活をするだけではないかという思いです。しかも、けっこう多くの人びとが、そう思っているのではないか、と考えます。そして断固言います。とんでもない！　神を喜ぶ。パウロが集中的に、そう語る生活は、「具体的な生活」なのです。

人間が生きがいを感じるのは、喜ぶことであります。ただ、何を喜ぶかによって、そのいのちが真実のものかそうでないか、が定まるのであります。真の喜びはどういう種類のものでしょうか。パウロは、神を喜ぶことだというのであります。和解が与えられる、平和を保証される、愛を注がれる、それによって得たいのちを、しみじみ確かなものだと感ずるのは、神を喜ぶことにあるというのです。神を喜ぶというのは、静かな修道院か何かで、瞑想に時を過ごすことではないのです。このあわただしい世の中の生活の真唯中で、神を喜んで行くのです。悲しみや苦しみがうずまいている生活であります。憎しみに呪われるかと思われるような毎日であります。しかし、神と和解することができたのだから、今は、その中で神を喜んでいることができるのであります。

聴き手への呼びかけが続きます。「生きがい」というのは、聴き手の言葉でもあります。「生きがいを感じるのは喜んでいるとき」だというのも、誰もが頷く言葉です。一般世界に通じることです。問題は何を喜ぶかということです。キリスト者は神を喜ぶ。ここも多くのひとが受け入れるでしょう。そこでおもしろいのは、ここで修道院の話をすることです。神を喜ぶというのは世俗的な生活を離れることだと、われわれはどこかで考えています。そこで言います。神を喜ぶということは、喜怒哀楽に満ちている、いや憎しみや呪いもある日常的な「世の中の生活の真唯中」で知ることなのです。ここにもカルヴァン以来の改革派の教会の伝統的な信仰理解が息づいています。

神を喜ぶという字は、神を誇るという字であります。ユダヤ人が神を誇っていた、とパウロは述べています（二・一七）。しかし、それは、ユダヤ人が、何の根拠もないのに、ただ、民族の伝統から、神を誇っているということで、彼らのまちがいを示したのであります。しかし、キリストに救われたわれわれの場合はそうではないのです。御子の死といのちによって与えられた神との和解と平和のゆえに、今は、ほかに誇るものは何もないのです。神のみを誇りとするのです。そして、これほどに誇らしいことがどこにあるでしょうか。また、誇る根拠を与えて下さったのが神ご自身なのでありますから、これほどに、たしかな誇りがどこにありましょうか。これは心の底から突き上げて来るような、どこからみても誇りとしかいえないような喜びなのです。この罪人が、これを与えられたのであります。この神を喜ぶことがいのちであることが一番よくわかるのであります。

とても短い第三部を締め括る言葉です。ギリシア語では、喜ぶという言葉は同時に「誇る」という意味です。先に述べたそのことを、もう一度語り直します。パウロは、その言葉を悪い意味でも用いました。誇りは罪をも生むのです。ユダヤ人は神を誇る罪を犯しました。それは誇りの根拠が間違っていたのです。しかし、ローマの信徒への手紙が語る、神を誇るということの根拠は、神ご自身です。確かな誇りです。しかも、自分を源泉としません。こころの底から突き上げる喜び、誇りです。罪人に与えられた誇りです。神を誇ることが、いのちそのものなのです。

「キリストの十字架には、制限も差しひかえもない愛があらわれたのである」とある聖書学者が説明しています。絶対なものを説明するのには、人間の言葉は、何と足りないことでしょう。その愛に根ざしたいのちと喜びを語るパウロの言葉も同様に見えます。しかし、そういう欠け多く見える言い方に、かえって、同じ罪人であるわれわれに、訴えて止まない力が感ぜられるのではないでしょうか。

この説教も、短い結びの言葉で終わります。結論というよりも、説教が語り続けた言葉の余韻のようなものです。ここでもパウロの語り口がたどたどしいものであるように見えるということを改めて語ります。そして、まさにそこに自分と同じ罪人であるわれわれに語りかけるパウロの喜び溢れる言葉の力があると言って終わります。言葉に敏感であった説教者らしい終わり方ではないでしょうか。

7　ガラテヤ人への手紙第四章一六―二〇節

ここで最後にご紹介するのは、まだ書物になっておりません。実際に語られた説教を、録音から、そのまま書き起こしたものです。先に、同じように語られたままの説教として、主の十字架の叫びについての説教を紹介しましたが、改めて、ここでもうひとつ紹介します。ひとつの理由は、パウロの言葉でも、とても興味ある言葉を説いているということもありますが、ここに、生き生きとした口調の説教に触れることができると思うからです。おそらく、この時も手元にあったのは、簡単なメモだけです。それを見ながら自由に語っているのです。とてもざっくばらんに語っています。それだけでもおもしろいと思います。これが語られたのは一九七八年四月一六日の吉祥寺教会の主日礼拝においてです。

それだのに、真理を語ったために、わたしはあなたがたの敵になったのか。彼らがあなたがたに対して熱心なのは、善意からではない。むしろ、自分らに熱心にならせるために、あなたがたをわたしから引き離そうとしているのである。わたしがあなたがたの所にいる時だけでなく、いつも、良いことについて熱心に慕われるのは、良いことである。ああ、わたしの幼な子たちよ。あなたがたの内にキリストの形ができるまでは、わたしは、またもや、あなたがたのために産みの苦しみをする。できることなら、わたしは今あなたがたの所にいて、語調を変えて話してみたい。わたしは、あなたがたのことで、途方にくれている。

聖書を読んで、ひとつ私どもの心を打ちますことは、伝道している人たちが、どんなに苦労しているかということであります。私どもは、この二、三回にわたってガラテヤ人への手紙の四章の一二節からのところを読んでいます。これは読みようによっては何でもないことであり、あるひとりの伝道者が自分が伝道した教会に対して、その伝道の初めの様子を語っているというだけのことであると思われるかもしれません。しかし、一二節の、すでに私どもの読みました、「兄弟たちよ、私はお願いする」というところから、すでに、この人が、どうやってほんとうの信仰が分かってもらえるか、ということに心を砕き続けていることが分かると思うのであります。

語り始めるのは伝道者の労苦です。このガラテヤの信徒への手紙の言葉を労苦する伝道者の言葉として読もうとします。そのように読むことで、説教の聴き手も、聖書の言葉に近づくことができます。

伝道者のことを具体的にイメージすることによって、聖書の言葉により近く接近することができます。説教者も伝道者ですから、自分のことのようによくパウロの伝道者としてのこころを察しつつ、その言葉を取り次ぐことができるのです。

福音を宣べ伝えるということは、言葉で申しますとたいへん立派なことであります。しかし、実際に福音を人間に伝えるということ、それはたいへんに難しいことであります。人間がする仕事としては、たいへん難しい仕事であります。不可能かもしれません。たとえば相手の人を脅すような何の権威もない。威光を示すような力もこちらにはない。ただ神があなたのためにこうしてくださったんだということを伝えるだけであります。ですけれども、聞く方は、ああでもない、こうでもないと言うので、別にわざわざ逆らうつもりではないかもしれませんけれども、自分のしている生活がある。自分が今までやってきた生活がある。そういうことを考えてみますと、そう素直に受け入れられないのだ、という面があるのも自然であるかもしれません。

竹森牧師という伝道者が、伝道をいかなるものと理解していたか、よくわかります。福音伝道というのは、神のみわざを伝えるだけであるが、相手は素直に受け入れないし、それも当然と言える事情にある。福音伝道とは人間のわざとしては不可能なのかもしれないのです。

そういうことを考えて、この一二節の後のところを、少しのところを読んでご覧になると、この伝道者が、いわば手を変え品を変えて、福音を訴えようとしている様子がよく分かります。とうとう自分が初めに君たちに出会った時、自分が初めに伝道したときには、どういう状態であったか、少し、意地の悪い見方をすれば、いわば人情に訴えて、信仰を分かってもらおうとしているのではないかと思われるほどであります。人情に訴えてみたって、ほんとうは信仰のことは分からないんです。何か分かったような気がすることもあるかもしれませんけれども、人情は人情、信仰は信仰なんで。ですから、ここではただいわゆる人情に訴えているわけではないわけであります。かつて君たちはこういう信仰生活をしたじゃないか。こういうふうに信仰生活を始めたじゃないか。その信仰はどこに行ったのだ。こう言っているだけでありましょう。

そこで、改めて、この第四章一二節以下の、パウロがガラテヤ伝道を始めた頃のことを思い起こしつつ書く言葉を説教者はどう理解しているかを語ります。まるでこれまでの厳しい口調を意図的に変え、教会の人びとの人情に訴えて関係改善を図っているかのように読まれるところです。実際に、そのように説く説教者もいるでしょう。しかし、竹森牧師は、そうは理解しません。「人情は人情、信仰は信仰なんで」。砕けた口調で鋭いことを言います。人情抜きで、パウロはガラテヤの教会の人たちに尋ねるのです。君たちの信仰はどこへ行ったか。

さて、今日はだいたい一六節からのところですけれども、その一六節のところに、「それだのに、真理を語ったために、わたしはあなたがたの敵になったのか」。信仰のことを語るというのは、言葉を換えて言えば、真理を語ることであります。語る方から言えば、これが真理だと思っているからこそ語るんでありましょう。しかし、信仰の問題に限らず、およそ真理がそんなにたやすく受け入れられるということはあんまりないんで。どこの世界ででも、ほんとうのことを言うと、たいていぶつかるんで。あんまりはっきりほんとうのことを言わない方がいいんで。オブラートにくるむか、あるいはどっか言い方を変えるか、何とかしなきゃならないというのが、この世の生活の事実でありましょう。しかし、ここで言う真理は、ふつうの真理ではなくて神の真理であります。神さまはこういうふうに言われる。神さまがこうなさったということを言うのです。それならば、それをどう誤魔化しようもないんで、真っ正直に語るほかはないでありましょう。そして、その場合に、多くの場合に出会うことは、それを素直には受け入れようとはしないで、自分のそれに対する勝手な願いを言い出すということであります。たとえば、神の恵みと言えば、神の恵みはキリストによってこういうふうに与えられていると言っても、自分は貧乏だとか、自分は才能がないとか、どこに自分に神の恵みがあるのかというような自分本位のことしか考えないし、また言わない人が多いのであります。あるいはすぐにひねくれるでありましょう。それは、そう言われたって、他の人はいいかもしれんけれど、私は違う、というふうにひねくれるでありましょう。自分のことは棚に上げて、人のことを言うかもしれない。つまりほんとうに正しいことと言うか、真理を語った時には、その人は多くの場合に、その語られた人の敵になる場合があるということは誰でも知っているところであります。ここでもこの伝道者は、私はほんとうに神の真理を語ったのに、そのためにあなたがたの敵にならなきゃならなかったのか。あるいはただ熱心ということで、人は引きずられるのだということもあるかもしれません。その後に、しかし、彼らが、君たちの信仰を迷わした彼らが熱心であったのは、それは善意からではなくて、ただ自分たちの党派に、あるいは自分たちの考えに引き入れるだけのためだったということになる。そう言われているんで。そうしますと、真理を語ることも、熱心であることも、いろいろな困難があり、あるいは曲折があるのだということをわれわれは考えざるを得ないと思うのであります。

こうして説教は本論に入ります。ただこの説教の場合、序論で既にテキストの中心的問題に触れており、序論と本論の区別はあまりつきません。ただここから、この日の説教が特に説こうとしている一六節以下を直接論じるということです。

そしてすぐにパウロの、ガラテヤの教会との関係悪化は、自分が真理を語ったからか、という問いを取り上げます。真理を語ったから、あなたがたはわたしの敵となったのか。パウロと異なる伝道者たちは党派心から教会の人びとを迷わせているではないか。こうしたパウロの言葉をめぐって、説教者は聴き手の思いを深めさせます。真理を語ることをめぐる問いです。ここで聴き手は説教者と一緒に黙想することになります。自分が真理の言葉をどう聴いているかを問い直します。たとえば、自分はひねくれているのか。そう問います。

そいじゃ、そういうなかにあっていろいろな苦労をするのは、何のために苦労するんだ。ある真理を教えるためか、あるいはこういう世の中の見方を示すためか、ということになるのであります。そういう点について、われわれはしばしば、どうも混乱しているところがあるのではないかと思います。信仰の生活において、われわれがほんとうに目標としなきゃならないこと、あるいは、目標としていることはなんなんだろう。自分の生活がどうなることがほんとうに信仰の生活なのか。われわれの生活にはいろいろなことがあって、したがって、信仰の生活とは言うけれども、ポイントがはっきりしない。どこかぼやけている。したがって教会における信仰の生活と、それから世間でいろいろ言われるいろいろな話と、はっきりと区別がつかないのであります。

もう気づかれたと思いますが、印刷するために書き直された文章と比べると、ずいぶん、文体が違います。ここでも「それでは」というのではなく、「そいじゃ」と語り始めます。実際の説教は、そういう表現が示すように、聴き手に対して、もっと砕けた姿勢で向かい合っていたのだということに気づきます。そういう姿勢で、ここではごく自然に「われわれ」の話をします。われわれの信仰の生活に「混乱」があるのではないか、と問います。われわれの生活にぼやけているところがあるのではないか、と自分たちの生活を省みることを促します。そして信仰者の生活のぼやけは、「教会における生活」と「世間でいろいろ言われる話」と区別がつかないことによるのだと指摘します。教会の考え方と「世間」の考え方が違うはずではないかと問うのです。

その点について聖書は、決して、あいまいなことをしていないんであります。一九節をご覧になりますと、「ああ、わたしの幼な子たちよ。あなたがたの内にキリストの形ができるまでは、わたしは、またもや、あなたがたのために産みの苦しみをする」、と書いてあります。先ほどから申しますように、神の恵みが語られ、神の福音が語られても、いろいろな混乱が起こるものなんで。神も恵みが語られたから、すっと受けられるとは限らない。そいじゃ、それを伝える者、これは伝道者だけでなくて、みなさんもまた福音を伝えられるでしょうけれども、それは何を目指して苦労するのか。そういういろんな苦労があると、あれもこれもと言っているうちに捕まえようがなくなってしまうものであります。ところがここではそうでないんです。はっきりした目標があり、狙っているものがあるのであります。それは産みの苦しみをするということです。産みの苦しみをするというのは、これは、何かを形容して、いろいろな伝道の苦労を、ただそういうふうに、ひとつのたとえでもって言っているというだけのことではないんです。そうではなくて、産みの苦しみをするというのは、これは文字通り、産むために苦しんでいるということです。文字通りそうなんです。産むために苦しんでいるということです。つまり、信仰の生活というのは、われわれの生活の中に何かが産まれて来ることが大事だということなんです。人間の生活をどういうふうにしたらよくなるだろうかというような、そういうふうに人間の生活を少しよくするというようなことではないんです。聖書の言葉で言えば、産まれることなんです。新しく生まれることなんであります。

説教そのものが語るべき言葉を求めて、少しもたもたしている印象もあります。もちろん、よく準備したでしょうが、言葉が具体的に語られるのは、説教そのものにおいてです。完全原稿を用意しないで語るとすると、説教は一種の即興性を帯びます。それが説教に、いきいきとした力を与えます。ダイナミックな動く言葉を語るのです。

一方に、われわれの伝道の言葉の頼りなさがあります。不確かさ、曖昧さがあります。他方、そこで聴く伝道者パウロの言葉があります。これは明確な目標を持っています。狙っているものがあります。途方に暮れるわれわれの現実のなかで、指針を与えてくれる言葉としてパウロの言葉を聴くのです。

パウロに聴くこと、それは信仰の生活は、人生の多少の改善などではなく、新しく生まれることだということです。人間存在そのものの変革です。こうして、古典的問題とも言うべき、新しく生まれるという信仰の基本問題こそ、ここでの主題なのだということを明らかにします。それこそ、伝道の言葉の主題なのです。

たびたび申しますように、新しく生まれるという字は、聖書の中では新しい創造だというふうに、そういう字だということでありますけれども、新しく造るんです。造るということは、その新しく造るのは、われわれの生活を新しくするということよりも、この中に新しく生まれてくるものがあるということなんです。それが産みの苦しみということです。そうでなければ、産みの苦しみというのは、ただのたとえにしか過ぎないということになると思うのであります。

それじゃ、その産みの苦しみって何だと。生まれて来るものというのは何だということでありますす。それはそこに書いてありますように、あなたがたのうちにキリストの形がなるまでというふうにあります、キリストが生まれるということです。われわれの生活の中にキリストが生まれるということなのであります。

すでにわれわれが読んでまいりましたように、ガラテヤ人への手紙の第二章の二〇節のところには、「生きているのは、もはや、わたしではない。キリストが、わたしのうちに生きておられるのである」という言葉が書いてあります。生きているのは、もはや私ではなくて、キリストが私のうちに生きていらっしゃるということは、キリストが私のうちに生まれたということでしょう。キリストの誕生があったということだということは明らかなことであります。

あるいは、これもすでに読んでまいりました三章の二七節をご覧になりますと、「キリストに合うバプテスマを受けたあなたがたは、皆キリストを着たのである」と書いてあります。これもそのときに、申したことですけれども、キリストに合うバプテスマであります。そして、そのバプテスマを受けた結果、キリストを着るのであります。キリストが生まれるんであります。つまり、われわれが、われわれの生活の中にキリストが生きて来られるということなのです。このことは、信仰以外では語り得ないことだと思うんです。

われわれの信仰生活というのはキリストの教えを守ることだ。そういう意味でなら、キリストに従った者、あるいはキリストのともがらとなることができるということが、そんなことは易しいことだと思う。

かつて一度申したことがあると思いますが、私は戦争中に、誰でも名前を申せば知っております右翼の大立者に、大指導者に、たいへんに偉い学者でもある人ですけれども会ったことがあります。私が牧師であることを知って、顔を見るなり、私もイエスの弟子ですと申しました。その人の言うこと嘘じゃないんで、その人は、子どものときからカトリック教会の司祭にひじょうに世話になった人である。したがって、主イエスの教えをたいへんに尊敬していると。そういう意味で、私もイエスの弟子ですと真顔で言っておられたのを覚えております。そういうこと、あり得るんです。山上の説教に感激したとか、あるいはコリント人への第一の手紙の第一三章の愛の教えに感激したとか、言ったような人はいくらでもあるでしょう。それが、それじゃ信仰生活をしているということかというと、そうじゃないんです。

そうじゃなくて、このガラテヤ人への手紙の今挙げたふたつ、二章二〇節、三章二七節にありますことは、それはたいへんに露骨に、たいへんにぶっきらぼうにキリストと自分との関係を言っているんです。ただ人間が美しい生活をするとか、見事な生活をするとかいうんじゃなくて、キリストが自分のうちに生まれるということです。だから、この伝道者は産みの苦しみをすると言っているんです。

ここで説かれていることは、われわれにとってとても大切なことです。またパウロの信仰の急所に触れる問題です。右翼の大立者の話までしながら、キリストのように生きることがキリスト者であるということではない、と言います。そういうこともあり得ると言います。しかし、パウロがぶっきらぼうにいうのは、キリストが私のうちに生まれてくださること、それが急所なのです。それが新しく生まれて生きるということです。ガラテヤの教会の問題をわれわれの問題としても考察しています。聴き手も聴き耳を立てたでしょうね。

この二章の二〇節などは、そのときも申したと思いますけれども、何か神秘的なこととしか考えられないだろうと思うんです。キリストが私のうちに生きている。自分はもはや生きているんじゃない。実際、自分が生きているんじゃないかと、まぁ、常識的に言えば、そういう文句が言いたくなるようなことであるに違いありません。

しかし、自分のいのちは、あるいは自分の生涯の全部はキリストに託しているということ、それがないと信仰の生活というのは、どうしても中途半端になるだろうと思うんです。そこで、この伝道者は、私は産みの苦しみをしている。またもや、産みの苦しみをしている。いっぺん産みの苦しみを君たちのためにしたんだ。そして、君たちのうちにキリストが誕生した。だけど、それをもういっぺん今繰り返そうとしている。なぜかと言うと、君たちのうちに生まれたと思ったキリストは、死んじゃったじゃないかという意味だと思います。

キリストが自分のうちに生きておられる。もはや自分が生きているのではない。このパウロの言葉は、とてもよく知られています。ここからパウロの神秘主義が語られます。竹森牧師は、そのように説明することはしません。自分は、もう生きてはいない、というが、実際はなお生きているではないか。そういう反論を真剣に受け止めます。そこで言います。自分のいのち、自分の生涯全部をキリストにお委ねしているということだとします。そして、伝道者であるパウロが、そこで、再び産みの苦しみを味わうということは、こういうことだと言い、そのパウロの心境をこう言い表します。「君たちのうちに生まれたと思ったキリストは、死んじゃったじゃないか」。この言葉の語り口は録音で聴いていていてもぎくりとします。「キリストは死んじゃった！」と言わなければならない伝道者！　自分が一度はキリストを産んだはずの教会の人びとのなかに、キリストが見つからなくなってしまった伝道者パウロの悲しみが突き上がってくるような語り口です。

ガラテヤ人たち、この手紙を受けている人たちは、でたらめな生活をしているんじゃないんです、ふつうの意味から言えば。たいへん真面目な人たちです。ことにこの人たちを誘惑をした信仰の考え方は、ただ信仰のみによって生きるんじゃ駄目なんで、神の戒めを守らなきゃ駄目だということを、しきりに強調するんですから。それに引きずられた人たちは、一所懸命に真面目な生活をしただろうと思うんです。他の人はいい加減な生活をしているのに、この人たちは、これは神の御旨でない、これは神の御旨だと言って、いちいち戦って来ている人たちです。堕落した人じゃないんです。でたらめな生活をしている人たちじゃないんです。ただ問題は、イエス・キリストがその人たちの中で生きていないということです。したがって真面目な生活をしているその真面目な生活というものが、みんな自分の誇りになったり、自分の手柄になってみたりして、結局は、神の恵みによって生きるような生活にならないということです。それをこの手紙は、この聖書の場所は、しきりに攻撃するんです。それじゃ、違うんで、ということであります。

いわゆる真面目な生活をする人ならいくらでもおるでしょう。みなさまご存じの、みなさまの周辺にだっていくらでもおられるに違いないと思います。ただそれでは救われないというだけであります。そして、救われないということはぜんぶが駄目になっちゃうということでしょ。そういう意味でキリストが私どものうちに生まれるために、伝道者が苦労しているって言うんです。伝道者の苦労は教会を盛り育てて行くのにいろいろな種類の苦労があるだろうと思います。経済的な苦労もあるでしょうし、あるいは人が集まってんですから、いろんな人がいて、いろんな勝手なことを言う、そういう人たちを導いていく苦労もあるだろと思う。しかし、それがそれぞれの苦労だと思っていたんでは、ほんとうの戦いはできないんで、いや、実は、そういう戦いのなかに、その一人びとりのうちに、ほんとうにキリストが生まれるように産みの苦しみをしてるんだ。そういうことだと思うんです。その意味で、二〇〇〇年前のこの話、第一世紀の話です。それと今と、何にも違いはないんです。

ここで語られているのは、ガラテヤの教会の人びとが、福音を離れて律法主義的な生活に傾いたことです。おもしろいことに、しかし、この説教者は、ここで律法遵守に傾いたということを、律法とか律法主義という言葉で説明しません。おそらくは、それらの言葉を用いると、聴き手は二〇〇〇年前のことだとしか思わないからです。そこで「真面目な」という言葉を使います。ガラテヤの人びとは真面目だった。真面目な人びとは今も大勢いる。それがキリスト者として生きることだと間違える。昔も今も「何にも違いない」と言います。ここで現代の伝道者の話をもします。伝道者にはいろいろな苦労がある。しかし、それらの戦いは、結局、キリストがわれわれのなかに生まれてくださるための戦いなのだ、と言います。

ついでに言えば、この説教者の聖書の読み方、説き方がよく表れています。聖書学者にありがちな、聖書の言葉の過去における意味をまず確定する解釈をすることに固執することをしません。その聖書解釈、釈義の結果を現代の聴き手の状況に適用するというような方法を取らないのです。

そこで、そうであれば、私どものうちにキリストが生まれるということは、どういうことかということです。キリストが生まれるということを考えますと、誰でもすぐに思い出しますことはクリスマスです。クリスマスは、今日では、どうも日本では、日本中で、どこの家庭ででもと言っていいぐらい、いたるところで祝われますけれども。キリストがその家庭に生まれたかしら。あるいはクリスマスを口にする、あるいはクリスマスの料理を食べる人たちの家にキリストが生まれたか。

その答えは言うまでもないことだと思うのです。ですけれども、キリストがお生まれになるということは、ただキリストがこの世にお出でになったということではないことは誰にも分かることで、この世の中にお出でになっていなくなった、そして、何か教えを残された、その教えが普遍の教えである、永遠の意味を持っている、などと言ったような気取ったことを言ってみても、キリストに関係がないんです。キリストが、今、私どものうちに生きていらっしゃるかどうかということなのであります。そういう意味で、キリストが誕生されるかどうかということであります。

聴き手との対話が続き、深まります。思いがけなくクリスマスの話をします。キリストがお生まれになるということですから当然の連想かもしれません。そう言えば、キリストが生まれてくださると言えばクリスマスの出来事がある、というのは連想です。この連想というのも、説教のひとつの方法で大切なものです。そこで、素朴に説教者は問います。クリスマスの祝いをすることで「キリストが生まれたか」。またそこで、キリストの教えを守る生活、この説教で、既に批判的に言及してきた、キリストの教えを真面目に実践することが信仰者のまことのありようではないということを、改めて取り上げます。キリストが、今、私どものうちに生きていらっしゃるかどうかということです。キリストの教えを「気取って」評価してみても「キリストに関係がないんです」と言い切ります。問題は、「キリストが、今、私どものうちに生きていらっしゃるかどうかということ」なのだと、少々ぶっきらぼうなくらいに端的に尋ねます。

つまりキリストを信じる者が、ほんとうにキリストのものになる。あるいは、ほんとうにキリストのように生きる生活をするということであります。小さなひとつのキリストになることであります。フランス語をご存じの方、ご存じでしょうけども、同じ綴りで、キリストとキリスト教とを表わすでしょう。読み方が違う。それはただ言葉の上だけかもしれませんけれども、しかし、キリストが、われわれが小さなキリストになるか、あるいは、それよりわれわれのうちにキリストが住んでくださるようになる、ということ。そういう意味で、ほんとうにキリストのものになり切るということであります。

ここで、キリスト者は「小さいキリスト」であるということを語ります。フランス語の話をします。外国語に堪能な説教者らしいと言えば言えます。しかし、これは、聴き手にどのような反応を呼び起こしたか。私は少々疑問を持ちます。むしろ、「小さいキリスト」という表現は改革者ルターの言葉として知られます。竹森牧師も知っているはずです。それなら、そちらを紹介したほうがよかったかもしれません。

あるたいへんに優れた聖書の注釈者が――昔の人です。一七世紀の人です――こういうふうに申しました。キリストだけを生きることなんだ。キリストが私どものうちに生まれるということは、キリストを生きることなんだ。キリストのほかに何も考えないことなんだ。それからキリストのみ苦しみとキリストの死と、そのご生涯だけを考え続けることなんだと、こう申しました。もちろんこれはたとえば修道院にいる人のように、朝から晩まで他のことを何も考えないで、それだけを考えていればいいというような性質のものではないでしょう。ここに今言われたようなほどにキリストが私どもをほんとうに支配してくださるということでしょう。自分がこのことを考え、あのことを考えるときにも、自分とキリストとの関係において、そして、キリストの力において、それを考え、それを行うということでありましょう。

ここでひとりの注解者を間接的に引用します。誰のことか、聴き手にはわかりません。説教者だけが知っているという印象を与えます。ここも少し疑問があります。かつて、東京神学大学で説教学を教えた平賀徳造教授が、学生であった私の説教を批評し、大切なメッセージは、引用ですませないで、自分の言葉で語りなさい、と言われたことがあります。ここも、説教者自身の言葉で、キリストの内在とはどういうことか、説いたほうがよかったかもしれません。説教者自身も、はっきり、自分の言葉で語っています。キリストが自分のうちに生まれ、生きてくださるということ、それをこう言います。「自分がこのことを考え、あのことを考えるときにも、自分とキリストとの関係において、そして、キリストの力において、それを考え、それを行うということでありましょう」。キリストを主とする生活をすることです。

そう申しまして、その上で、そういう生活が一番美しいのだと、こう申しました。そういう生活が一番美しい。キリストの形があなたがたのうちにできるという、その形という言葉を捉えたんでしょう。これはキリストの形ができるという字じゃないんで、キリストがあなたがたのうちに形づくられると言ったらいいんですけれども、しかし、まぁ、何かの意味で形ということが考えられますから、この形が一番美しいんだと、こう言うんです。

ここで、今説いている第四章の言葉に帰ります。その手がかりになるのは、キリストを主とするキリスト者の生活は「美しい」という言葉を引用します。形が問われているので、よい形のものは、美しい、ということでしょう。ここでは、この美しさという言葉の説明は、直接にはなされません。

キリストを信じた者は、みんな人がびっくりするような、見事な生活をしているわけではありません。お互いにそうでしょう。あの生活は何という輝かしいものかといったような生活をしている人は、そういう信仰者のうちでも特に恵まれた何人かの人たちだけで、われわれは世間の人と一向に変わりのない生活をしている。しかし、何のときでも、どういうふうに生きるときでも、何が起こったときでも、あの人のうちにはキリストが生きているということを感じさせるような生き方をすることでありましょう。そのときに初めて、われわれはキリストが私どものうちにあって生きていて、もはや自分が生きているのではないというあの大げさに見える、あのたいへんな言葉も、自分にだってぜんぜんあてはまらないとは言えないと言えるのではないかと思います。

美しい生活を、見事な生活、あるいは輝かしい生活と言い換えます。そこでまず確認するのは、そのような美しさを実現しているひとは、ごく僅かな恵まれた人びとだろうと言います。説教を今聴いている人びとは、そのような例外的な存在ではなさそうです。世間の人びと、つまり、キリスト者でない人びとと変わるところはないのです。しかし、聴き手のなかに起こり得る可能性として、他人に「あのひとのうちにはキリストが生きておられる」と「感じさせるような生活」をすることもあるであろう、と言います。そのとき、キリストが自分のなかに生きておられるという、「大げさに見える」言葉も、自分にあてはまらないとはいえなくなるであろう、ととても遠回しな言い方をします。

先ほど、最初に創世記を読みましたが、あそこに神の形に似せられて造られたと書いてあります。

神の形に似せて造られた。人間はですね。神の形に似せて造られたんだけれども、その神の形に似せて造られた人間が、罪を犯して堕落して、いわばその神の形が崩れたんでしょう。その神の形は、どこでもう一度ほんとうに、生きたものになるか。もう一度正しく形造られるか。キリストが形造られたときであります。キリストが私どものうちに形造られたときに初めて、神の形が私どものうちに回復されると言えると思います。

しかし、ここで併読した創世記の思い起こさせます。神学的人間論のうち、とても大切な教え、人間は「神の形」（イマゴー・デイ、神の似姿）に似せられて造られたという教えを思い起こさせるのです。われわれは、罪のために、この神の形を崩してしまいました。しかし、われわれのうちにキリストの形が生まれたとき、その神の形が回復されたのです。そうなると、だれにキリストの形がうまれてきているかを論じるのは意味を失います。キリスト者ならすべて、キリストが自分のうちに形作られたとき、その神の形を回復したのです。真実の人間の形を回復しているのです。

聖書の中にはこの世に倣うなと言っております。字は同じではないんですけれども、意味から言えば、あるいはその他の、すでに読みましたこの世の知恵というのがありましたが、あの場合も同じなんです。それはこの世の考え方。それはこの世にわれわれの形を合せるという意味です。そういう意味もある。それに対して、われわれはキリストに形を合わせる。いや、キリストに合わせるのではなくて、キリストが私どものうちに生まれてくださる。そして、私を支配してくださる。私を生かしてくださる。私を慰めてくださるんじゃありませんか。自分が悲しんでいるときに、苦しんでいるときに、慰めてくださると言う以上、自分じゃないんで。自分がこういうこともあるけれども、こうも考えられる。ああも考えられると言って、考え直すことじゃないんで。慰めてくださるんでしょ、キリストが。私とそういう意味でいっしょにいてくださるんです。いや、私のうちに生まれて、キリストの形ができているということでありましょう。

ここで聖書の箇所も挙げず、ローマの信徒への手紙の言葉を引用し、われわれは、この世と形を合わせず、キリストに形を合わせていきるべきなのです、と言って、その自分の言葉を訂正します。われわれが自分をキリストに合わせるのではなくて、キリストがわれわれのうちに生まれてくださいます。悲しみ、苦しみのときに慰めてくださいます。そのような意味で一緒にいてくださいます。それが、私のうちにキリストが生まれてくださり、その形ができてしまっている、ということだと言います。言い換え、言い換えをしながら、ここでパウロの言葉の最終的な解釈を示し、そこから生まれるメッセージを語り、アッピールします。ここでは明らかに「神の名による言葉」が語られているのです。

ここでもうひとつ大事なことは、「あなたがたのうちにキリストの……」。あなたがたと書いてあることです。あなたがたと言うんですから、あなたがた一人びとりのうちにキリストが形造られると、こう言ってもいいかもしれません。しかし、もうひとつ誰でも分かりますが、あなたがたのうちに、あなたがたみんながおられるそのうちにキリストが形造られる、という意味であろうとも、誰だって思うと思います。そして、それはわれわれのうちにキリストの体が形造られることで、教会ができることだと思います。われわれの信仰生活、あるいは人間としての生活は、神を崇めることなくして生きられないとわれわれは知っています。そうすると、われわれの信仰生活には、そういう神を崇める場所がどうしても必要なんで。つまり、神殿がなければならないんだと思います。

ここまで、説教者自身が「私」個人のうちのキリストの形を問うていたかのようです。事実、そうでした。それをここで「あなたがたのうちに」と、聖書テキストが複数形を用いていたことに気づかせます。キリストが内在される対象は複数第二人称で語られたのです。これこそ、この説教者が絶えず関心を抱いていることです。この「あなたがた」は、言うまでもなく教会という共同体のことだと言います。しかも、この教会を「神を崇める場所」だと言い換えます。それは、つまり、われわれキリスト者にも「神殿」が必要であることを意味するとさえ言われます。

コリント人への第一の手紙の中には、あなたがたは神の宮だと、あるいは聖霊の宮だという言葉があります。神の宮だ、聖霊の宮だ。われわれがお宮になっちゃって、われわれのうちに神を宿す、あるいは聖霊を宿すということでしょうけれども、そうだとするならば、われわれの内なる宮とわれわれの外なる宮がある、こう言っていいんじゃないでしょうか。われわれ一人びとりのうちにキリストが生まれてくだすって、キリストが崇められ、キリストが私どものうちにあって生きていてくださる。それと、私ども全体のために、私ども全体が結びつくキリストの宮、教会があるということであります。このふたつは切って離せないんです。どうかしますと、信仰の生活というのは、非常に内輪のことだけになって、自分のうちにキリストが住んでくださる。もうそれでいいんで、まぁ、なるべくあんまり邪魔されないように、妨げられないように、煩わされないように、人との交際はお断りだと。

ここで更にコリントの信徒への手紙一の言葉を、やはり箇所を挙げずに引用します。直接の引用でもありますが、間接の引用でもあります。そのために聖書箇所を挙げなかったのでしょうか。聖書箇所を挙げると聴き手はそこを開くでしょう。それをさせていないのです。そして、そこではパウロがそんなことを語っていないのに、われわれの存在が神の宮、聖霊の宮だというとき、それは内なる宮と外なる宮とふたつあると言っていいのではないか、と問います。聖霊がお住みになるのは、個人ひとりでもあり、教会という共同体でもある、ということです。これは普通に語られることですが、この説教者にとっては特別なことでしょう。信仰の生活が「非常に内輪」のことになって、他人とは没交渉になったら困る、と言うのです。ついでに言えば、ここでは聖霊の内在とキリストの内在が重なって理解されております。

ですけれども、どうですか、キリストがほんとうにわれわれのうちに住み給うたならば、われわれは困っている人のために、苦しんでいる人のために、あるいはそうでなくたって、われわれの隣人を愛し、隣人に仕える生活をするんでしょう。そんなおこないすまして、お高くとまっているような生活なんか、それおおよそ信仰とは相入れない生活でしょう。

「そんな行いすまして、お高くとまっているような生活」。砕いた表現です。改まった思いで原稿を整えようというときに出てくる言葉ではなく、むしろ日常生活に関わる言葉ですね。その前も、おや、と思う表現です。隣人を愛する生活をするのは、キリストが自分のなかに住んでくださるなら当然のことと言いながら、そうではなくても、隣人を愛するのは当然のことと言ってしまっています。そういうごく普通の生活のなかで、超然と生きるキリスト者などはがまんならない、という説教者の思いが出ているのかもしれません。

そのことでも分かると思いますけれども、そのことと違った意味で、われわれが救われて、われわれの信仰生活をするということは、キリストの体である教会の枝になった生活をすることなんだ。それならば、われわれの内側にもし神殿があるとするならば、われわれの外の神殿とうちの神殿とが、切り離すことは絶対にできないんで、われわれのうちなる神殿が生きるためには、外なる神殿が生きなきゃならない。われわれのうちにキリストが誕生し、そして、教会というキリストの体がわれわれのうちに造られていくんだと。これはわれわれ全体のうちに、であります。そういうことが言えるのではないかと思うのであります。ですから、あなたがたのうちにというのは、あなたがた一人びとりのうちに、という意味と同時に、あなたがた全体のうちにキリストが生まれる、キリストの形が成る、キリストが形造られるということが言われているのだということであります。

このようにして嚙んで含めるように丁寧に、教会生活なくして信仰生活なし、ということを強調いたします。教会のなかにこそ、それを「われわれ全体」のなかに、と言いつつ、そこにこそ、キリストがおられるのです。

さて、そのように示されて、二〇節を読んでみたいと思います。「できることなら、わたしは今あなたがたの所にいて、語調を変えて話してみたい。わたしは、あなたがたのことで、途方にくれている」。

このキリストが私どものうちに誕生されるという、こういうひじょうに高いと申しますか、尊いと言うか、驚くべきと言いますか、あるいは神秘的ということもあるかもしれない。とにかくそういうことに比べて、先ほどありました、私は願うというところから書いてある、あるいは真理を語ったら、かえって嫌われたというような話。そして、その一番最後に、できることなら、わたしはあなたがたの所へ行って、語調を変えてみたい。少し違った言い方をしてみたい。何とかして、こうも言ってみよう、ああも言ってみようと思うんだと。だけどほんとう言うと、私はあなたがたのことで途方にくれている。どうしていいか分からん。何だか、聖書の中に、こんな途方にくれたなんていうようなことが言われているというのは、おかしいように思う人があるかもしれません。この人は、自分には力がないということを言っているだけであって。最初に申しましたように、途方にくれるのが当然なんで、これは人間が与え得るものではない。神がお与えくださるものでありま す。キリストを生まれさせる。そのために産みの苦しみをする。しかし、生まれさせてくださるのは神さまでしょう。自分はそのために抵抗し、そのためにわけの分からんことを言ったり、ひねくれたりする、そういう人たちに対して、あらゆる方法で言葉を変えてみたり、ああやってみたり、こうやってみたりして説得しようとするんだ。だけど、ほんとうは途方にくれているということで、今日のお話を終わるわけにはいかないかもしれません。しかし、それは途方にくれていると書いてあるんだから、それで結構。ただ今申しましたように、自分は途方にくれている。これは神さまだけがしてくださることだ。自分は自分の力については途方にくれて絶望している。しかし、あなたがたのうちにキリストが生まれるということ、生まれさせるということ、それは神がなさることで、自分なんか途方にくれたってあたりまえのことだ、という自信が、その背後にあるということは誰でも読むことができるでしょう。自信というよりも、信仰がその背後にある。信仰者の生活の不思議さを思う。そして、何をほんとうに目指さなきゃならないかということを深く思わせられるのであります。祈ります。

この最後の言葉は、とてもおもしろいと思います。伝道者パウロが、自分の言葉が通じないと言って途方に暮れている。それは、自分の力ではどうしようもないことで、すべては神がしてくださる、という思いだと言います。そこで絶望しています。しかし、途方に暮れるのは当たり前のことだと言える自信があると言います。自信を信仰と言い換えます。しかし、一度、説教者の口から「自信」という言葉が出たことは興味があります。その言葉が口をついたのです。手元にあるメモには書いてなかったかもしれません。しかも、ここでパウロが「語調を変えて」語ってみたいと言ったことは問題にしません。これは、途方に暮れる説教者たちが思い起こすことが多い言葉です。実際に語調を変えてみようとするのです。しかし、竹森牧師は、そのようなことには興味がなさそうです。そうではなくて、途方に暮れているという使徒の言葉を語りつつ、説教を終えることができることに関心を注ぐのです。

この説教者が、この興味ある、いきいきとした口調で、結局何を語ろうとしたのか、その思いが凝縮したような祈りで、説教は終わります。

キリストが私どものうちに来たり給い、まったく私どもを支配してくださいますように。私どもの弱さや、それから出てくる悩みや不平が自分を支配するようなことがありませんように。そのときに、私どものうちに生まれてくだすったキリストが、それに勝って、慰めて、力づけて、私どもを生かしてくださることができますように。また教会は、教会をあげて、まことにキリストが生まれる、キリストの体ができるために、あるいはこの世のうちに、私どもの知る人びとのうちにキリストが生まれるために、産みの苦しみをすることができますように。それを厭うことがありませんように助け給え。この祈りを主によって御前にささげます。アーメン

終章　余韻

竹森牧師の説教を、なお読み続けることができます。なお読み続けたいと思います。それだけの魅力に満ちています。しかし、ここで作業は終わりにします。説教の味わい方もだいぶ身についたのではないでしょうか。他の竹森牧師の説教を、更に手に取って味わってください。このすぐれた説教者が存在を賭けて証しする、福音の豊かさを、ご自身も、その存在をもって味わっていただきたいと思います。

そこでここでは、共にみ言葉を聴き続けてきたわれわれが、ここで解散するのではなく、円卓を囲んでお茶でも飲みながら、学びの実りを数え、更にそこで考えたいことを語ってみるつもりで、いくつかのことを書いてみたいと思います。共に学んできた皆さんの心中にあるかもしれない問いを推測しながら。

すぐに出てくる問いは、竹森満佐一の説教を、もっと別の視点、私と異なったパースペクティヴにおいても読み、分析することができるのではないか、ということでしょう。もちろん、そうだと思います。私は私の視点、私の方法で読みました。これを絶対化することは無意味です。しかし、これはこれなりに意味があると思います。私は、信仰の窮境にあったとき、全く思いもかけず、この説教者の説教を聴き、それによって捕らえられ、再生の道を歩み始めた人間です。ほぼ六年間、説教する竹森牧師の正面に座り、その言葉を全身で浴びるように聴きました。自分が伝道者になってからも、その著書を読み、学び続けました。自分自身が説教者になってからも、まず竹森満佐一の説教を真似ました。自分にできる方法で学びました。その経験を踏まえつつ、私の感覚、知識を注いで、このような読み方をしました。それなりに、お役に立つと思います。

竹森牧師の元を離れてから、一〇年以上の時を経た頃、あるキリスト教大学の礼拝で説教をしました。礼拝後、ひとりの中年の女性が駆け寄ってきて、「まあ、お懐かしい！」と挨拶をされました。私は全くの初対面でしたので、いささか戸惑いました。そうすると、久しぶりに竹森牧師の説教を聴いた思いがしたので、懐かしかった、というのです。それほど、私の説教が竹森牧師の説教に似ていたのです。その女性は、以前にしばらく竹森牧師の説教を聴きながらの礼拝生活をしており、それをいつも懐かしんでいたのだそうです。それほど竹森牧師の説教に似ていると言われたことは嬉しいことでした。

そのように、今までの六〇年を超える年月、親しんできた説教を、このように自分は味わってきたという経験から生まれた読み方をここでも試みてみました。私なりに、この説教者の特質に、いささかは迫ることができたのではないかと自負しております。その私の読み方と対話するつもりで、もっと別の読み方を試みる方があると嬉しいと思います。

日本のプロテスタント教会、特にそのひとつの重要な存在は、日本基督教会でした。戦争中、合同して日本基督教団を結成しましたが、それ以降も、日本のプロテスタント教会の歴史の重要な担い手となってきました。改革者の信仰によく学び、更に古来の正統教理を真剣に受け止めてきました。更に、日本にふさわしい、穏やかな改革派の伝統に立ち、日本人の手による日本人のための教会建設を志し、礼拝を重んじ、比較的緩やかな長老制度の教会を形成してきました。何よりも説教を重んじ、ごく初期の頃から植村正久をはじめ、すぐれた説教者を輩出してきました。竹森満佐一は、その中で育ちました。竹森満佐一を育てたのは、そのような日本基督教会であり、そこで学ばれていたスコットランド神学であり、また新しい思いで学び始めていた神の言葉の神学でした。また常に自覚的に学び直し、継承しようとしたのはカルヴァンでした。

日本の伝道者の大先輩とも言うべき植村正久は、かつて「手続きに終わる伝道」と題する小論を書き、こんな趣旨のことを書きました。近頃の伝道を見ると、伝道の手続きについて議論が盛んであるが、「畠水練」のごとく「講釈」するばかりで、現実には実を結んでいない。「特に注意すべきは説教の調子にぞある。多くはキリスト如何にして人を救うや、信仰は如何にせば養わるるや等の順序方法を分解的に講釈するに止まり、キリスト自身を紹介し、その恵みを真正面より宣伝して人の信仰を催すの気合に乏しいと言わざるべからず」。「キリストを紹介する説教」、ここに伝道の気迫のこもった説教の本当の姿がある。そう書きました。植村牧師は、この気合いを欠いた説教は、病人の枕元で病理の話をすることができるが、現実には病人を癒すことができない医者のようなものだと言いもしました。そして説教者としての自分の覚悟を、こう述べたのです。「余輩は説教及びすべての伝道が今一段直接になりて、切に人を勧め誘うの分子多からんことを望む。即ち人を教えんとするよりも、寧ろ人を悔い改めに導かんと試みるものならざるべからず」。この文章を読んだならば、まさに竹森満佐一の説教が、この植村牧師の言葉を体現しているということを誰もが認めるでしょう。私は、植村牧師が竹森牧師の説教を聴いたら、どんなに嬉しそうな顔をしただろうか、と思います。

日本の牧師たちは、長く自由な説教をしました。植村牧師も、いろいろなことを語りました。海老名弾正牧師とキリスト論論争をしていたときは、思わず説教で、それを論じたこともあります。台湾旅行をしたからといって、旅行の土産話をしたこともあります。しかし、もちろん、何よりも、主キリストの話をしました。キリストを救い主として紹介し、日本人のこころをキリストに導く説教をしました。それは何よりも聖書が語るキリストのご生涯、そのみわざとみ言葉を語る聖書的なものでした。教理的な話もしたし、キリスト者の生活に関わる話もしました。ほぼ誰もが自由に語りました。説教学的な分類をすれば、主題を掲げて語る主題的説教が主流であったことは確かです。その方が、自由に伝道の言葉を語り、福音を説き得たのでしょう。しかも、伝道者として語りたいメッセージが溢れていたでしょう。

時とともに、説教者の世代も代わり、神学の学びも進み、段々と説教も整ってきました。植村牧師の元で育った高倉徳太郎は、一層、神学的、教理的であろうとし、福音の真理を鋭くアッピールする説教を求めました。そういうところで、三吉牧師の聖書的説教、林三喜雄牧師の教理的説教で養われ、スコットランド神学を学び、カール・バルトを学び、神学を学ぼうと決心をした竹森満佐一は、説教者となりました。代表的教義学者熊野義孝とも親しくなりました。そして決定的なカルヴァンの説教との出会いを経て、竹森満佐一が到達したのは講解説教でした。しかし、その説教者としての自己形成の道は長かったと思います。説教の形、方法はすぐには確立されませんでした。カルヴァンに学び、説教とはこういうものだと会得しつつ、自分で実際に説教し、伝道していく間に説教の方法が整えられていったと思います。

私が吉祥寺教会の礼拝に出席し始めた頃は、まだ連続講解説教ではありませんでした。しかし、それまでの多くの説教者がしたように、主題を掲げて、それを論じるというような意味での主題説教でもありませんでした。どんな題で語ろうかという発想をしなかったのです。そのような姿勢は、説教の題を掲げないということにも明らかでした。吉祥寺教会には、多くの教会堂がするように、外に看板を掲げ、そこに説教題を掲示するという習慣はありませんでした。竹森牧師以前は、そうしていたでしょうが。説教は、いつも、説教に先立って朗読された聖書テキストを説くものでした。竹森牧師は、これを広義においてですが講解説教と呼んでいました。そのような聖書を説く説教をすることを、誰よりもカルヴァンに学んでいたのです。

主日ごとに説かれる聖書のテキストは毎回変わりました。例えば一九五二年四月二七日には、マタイによる福音書第四章が伝える、主イエスの荒野の誘惑の記事が説かれ、続く五月四日は、コリントの信徒への手紙二第一二章九節、一〇節が説かれました。一一日は、同じ手紙の第五章一七節、そうかと思うと、次の主日には、ローマの信徒への手紙第五章五節以下、と聖書テキストは変わりました。どのように選ばれたのかはわかりません。選ぶというよりも、説教者にさまざまなみ言葉が与えられたのだと、私は思いました。いつも何を説教しようか、どのみ言葉を語ろうか、思いめぐらし、そこで今度は、この聖書の言葉を説くように、と示されたのではないでしょうか。週報に、次週のテキストが予告されることはありません。それだけに、説教を聴く者は、祈りと期待を抱いて、今日はいかなるみ言葉を聴かされるか、わくわくして礼拝堂に入ったものです。

竹森牧師は、そのようなわれわれを迎えて語り始めます。例えば、今挙げたテキストの説教の導入の趣旨はこうです。いずれも私の、説教を聴きながらのメモによるものです。

「人生が戦いであるとは、一口で言えば自分のいのちを守る戦いをするということである。死とは、その敗北を意味する。しかし、申命記六章は、われわれのいのちを長からしめんために戒めが与えられたと言う。いのちのための戦いは、どうやったら神の戒めを守るかということである。言い換えれば、人生は誘惑との戦いである。われわれは死ぬまで誘惑から逃れることはできない。主イエスが生涯の最初で受けた誘惑は、われわれの場合とは違う。受洗ののち、イエスのメシア自覚を確かめるひとつの機会であった。しかも、われわれと同じ誘惑をもって誘惑されたことは当然である。罪を知らざるイエスは、この意味で最もよく罪を知るのである」。これがマタイによる福音書第四章の荒野の試練の記事の説教の導入です。

コリントの信徒への手紙二第一二章九節以下を語るときは、こう始まります。「信仰は何か力を得たいと願うものである。その力は、どんな力であろうか。信仰の力は、ただ何かができる、というようなことではなくて、ここでパウロが語るように、天に昇ったような喜びのうちに感じる力であろう」。

同じ手紙の第五章一七節については、こう語り始めます。「アレグザンダー・ホワイトは、『イエスの新聞の読み方とわれわれのそれ』という一章において、われわれが新聞において、一日ごとに期待する新しさを、イエスにも期待してしまうことを問題とする。五章一七節は、言外に既に新しくなり、いつまでも古びない新しい生活の与えられていることを言う。求道者は、このような新しい生活をどんなに待ち望むであろうか。しかし、信仰者は、ここにあるようなみずみずしい新しい生活にあるであろうか。われわれの生活に、新しい生活は、どのように与えられているのであろうか」。

ローマの信徒への手紙第五章については、こう語り始めます。「五章五節の言葉にこころ動かされぬひとはないであろう。乾いた土に水を注ぐように、乾いたわれわれのこころに神の愛が注がれ、それに潤う幸いは、何人にも慕わしいものである。神が愛に違いないとか、神の愛を求めるなどというのではなく、神の方から愛が注がれるならば、これほどの悦び、浄福はない」。

このように、説教の語り始めも毎主日、異なりました。聴く者は、あるときはドキッとしたり、好奇心を掻き立てられたり、説教の最初から感動を覚えたりしました。今度は、どんなに語り始めとなるか楽しみでした。本書で取り上げた説教のいずれも、それぞれに聴き手のこころを掻き立てる始め方をしているものであったことを思い出します。

既に何度も繰り返しましたが、説教の語り始めは何をするか、ということをもう一度考えてみます。序論です。導入です。英語で言えば、イントロダクションです。この英語は紹介という意味も持っています。例えば、私は、知人のアメリカ人の教授の元で勉強したいという若い日本人神学者の希望で、教授を紹介してあげたことがあります。海外の学会に来てもらいました。そして教授に彼を紹介しました。気持ち良く受け入れてくださいました。ふたりの出会いのお手伝いをしたのです。その後、とても良い学びができました。

説教者竹森満佐一はカルヴァンに学びながら、聖書を説く説教をしようとしました。改革派教会から生まれた代表的な信条に第二スイス信条というのがあります。そこに「神の言葉の説教が神の言葉である」という言葉があります。神の言葉である聖書を説く説教が神の言葉として聴かれるということです。説教とは何かを説いた、とても大切な言葉として重んじられています。竹森牧師も、聖書を説く自分の言葉が、聴く者にとって神の言葉として聴かれることを求めて説教をしました。自分が説く聖書の言葉が、聴く者にとって神の言葉として聴き取られるという出来事が起こるのを期待しつつ説教をしたのです。そのためにまず聖書が朗読され、説教がそれに続きます。聖書は、聴き手にとっては、まず外国人のように自分にとってわかりにくい異質の言葉として聴かれたかもしれません。その聖書の言葉と聴き手との出会いの出来事が今始まります。説教者は、聴き手をそこに導き入れるのです。聴き手が、聖書の言葉に対して耳をそばだてるようにしてあげるのです。

これができるためには、説教者は、聴き手に先立って聖書の言葉をよく聴いていなければなりません。聖書の専門家として、聖書の言葉の意味をよく読み取るのは当然です。しかし、それだけでは足りません。聴き手に先立って、まず自分にとっての神の言葉として聴き取っていることが必要です。聖書の言葉に生かされている説教者であること、聖書を神の言葉として聴き取った喜びの中にいることは、説教の当然の前提です。その上で聴き手に、その喜びの言葉を届けるのです。福音を取り次ぐのです。改革者ルターは、説教を〈福音の生きた声〉と呼びました。

説教者は、しかし、聖書の言葉を神の言葉として取り次ぐためには、聴き手をもよく知らなければなりません。牧師として求道者、信徒のこころを、よく知っているということです。そうでないと聴き手のこころに言葉を届けることができません。説教者は、その意味で牧会者でもあります。牧会、この言葉で訳されることが多いドイツ語、ゼールゾルゲは、〈魂への配慮〉と訳されます。聴き手の魂のみとりをするということです。具体的には、聴き手と魂の対話をするということです。これは説教とは別になされる対話でもあります。しかし、既に説教において対話が始まっています。聴き手の魂への配慮を既にそこでしていないと言葉が届かないのです。牧師の務めは説教と牧会であるといいますが、このふたつは切り離すことはできません。牧会のための対話、魂への配慮の対話においても、説教と同じように福音を告げます。そして説教においても、聴き手との魂への配慮の対話をします。その最初から。

竹森満佐一の説教の特質は、その最初から聴き手との対話を始めることをよく知っているということにあります。最初から聴き手のこころを捕らえ、対話を始めます。そして、説教を通じて終始一貫、この対話を続けます。逸れません。先に読んだガラテヤの信徒への手紙の説教を聴いているときも、説教者がわれわれの向こう側に佇立して語っているというよりも、われわれの中に座り込んで、一所懸命に語りかけてくれているというような感銘を受けます。われわれの顔を見つめて、あるいは見回して語ってくれています。このようなとき、説教の聴き手は、説教者が独りでおしゃべりをしているなどと思わず、われわれのこころの言葉を聴き取りながら、語りかけ、あるいは応えてくれていると思うものなのです。竹森牧師は、聖書の講解説教というのは、ただ単に聖書の言葉の解釈、説明をするようなものなどではなく、いきいきと聖書の言葉を、生きたいのちの言葉として語ってくれるものなのだということを、よくわきまえてくれていたのです。

このように魂への配慮の説教をすることができるためには、自分の聴き手をよく理解しているだけでなく、一般的に人間とは何かをよく知っていなければなりません。パスカルとかキルケゴールに代表されるような、信仰に根ざす人間知、人間学が、どうしても必要です。竹森満佐一に教養があったと言いました。このときの教養というのは、ただたくさん書物を読んでいるとか、知識が豊富だというようなことではなく、よく人間を知っているということを意味します。自分自身が、人間味豊かに生きており、その意味で人間経験が豊かであるということを意味します。自分の説教の聴き手を、よく理解できる力とハートがあるということなのです。

聖書と聴き手との間にあって説教者は自分の言葉を語ります。借り物ではありません。しかし、説教者は、もともと教会から伝道地に派遣されて、教会から委ねられた任務を果たします。自分の独自の思想を語ることで説教は成り立ちません。どんなにすぐれた思想であっても、自分の考えを、自分だけの言葉で語ることはできません。許されないことです。独創的な神学理論を展開することは、講演ではなしえても、説教ですることはできません。説教が語るのは、自分を派遣している教会の言葉です。その教会を生かしてきた信仰告白であり、教理です。竹森満佐一は、もともと最初から聖書学専門の学者として育ったのではありませんでした。神学生時代に書いた論文は、アウグスティーヌスに関するものでした。神学校で教えるようになったときも、まず教会史の講師としてでした。教会の歴史と教理をよくわきまえていました。スコットランド神学と神の言葉の神学を体得していました。そこから生まれる教理、信仰告白が、その説教にしっかりした骨格を供えさせておりました。竹森は、カルヴァンと自分を比較して、ひとしく聖書的であるが、カルヴァンがより教理的であるとすれば、自分はより聖書的であると言いました。しかし、特に活動前半期の説教は、かなり教理的です。それは本書で紹介した説教にも見られる通りです。時には、少々理屈っぽいと思ってしまうくらいです。教会の語り手として語っているのです。

もちろん新約聖書学の専門家でした。現代の厳密に学問的方法を重んじる聖書学を心得ていました。ドイツの批判的聖書学をよく学んでいました。ただ、私などには、ドイツ語のものばかりではなく、英語の聖書学文献をよく学ぶように、何度も注意しました。しかし、説教において聖書の言葉を神の言葉として聴き取り、取り次ぐときは、教会の信仰告白が、そこで決定的な意味を持つことをわきまえていました。聖書の言葉を人間の言葉として聴くとともに、これが、説教を通じて、神の言葉として聴かれる出来事が起こることを、いつも期待していました。そうしてこそ、主の日の教会の礼拝が、生きておられる神を、真実に礼拝する、教会の行為となるのです。

　ときどき事柄を少々誤解して、竹森満佐一の説教においては、竹森自身の存在を小さくし、隠そうとしているとして、竹森満佐一という存在が、その説教において果たしている役割をあまり評価しない方がよいと考え、それを主張するひとがいます。それは間違っています。これまでわれわれが読み取ってきたように、その説教が、説教者自身の存在を賭けた言葉であることを正しく評価しないと理解できません。この書物の表題にもしましたが、伝道者竹森満佐一は、ローマの信徒への手紙を説くときに、この手紙の言葉は、伝道者パウロが、その信仰そのものをぶつけるように書いた言葉であり、単なる教理を説く神学教科書のような言葉ではない、と言いました。名言です。そして竹森自身が、その信仰をぶつけるように説教をしているのです。われわれは、その説教者が、自分の信仰を叩きつけるように語る言葉を通じて、聖書の言葉を聴き、そこで神の言葉を聴き取り、神に出会い、神を礼拝するのです。

　一九六五年、初めてドイツで学び始めた私は、ドイツの説教の世界では、ごく当たり前のように、説教黙想というのが行われていることを知りました。ドイツの教会にとっても、古来のものであるとともに、ドイツ告白教会の戦いの中で、新しくその役割を認識し、方法を確立してきたものです。私自身、竹森牧師の真似をしながら、説教の準備をするときに何をしていたのかを、改めて捉え直すことができたとも言えます。既に、いわゆる釈義と呼ばれる聖書テキストの読み方に加えて、聖書の言葉を深く味わい、思いめぐらすことを知っていました。それを、ドイツでは、釈義と説教との間にある特別な作業として取り出し、黙想と呼び、たくさんの出版物が書かれていました。その代表的な神学者ハンス・ヨアヒム・イーヴァントの黙想を夢中で学びました。帰国して、すぐに黙想の作業を広め、そのための雑誌を出しました。真っ先に、私の意図を理解し、運動に協力したのが竹森牧師でした。竹森満佐一の説教が生まれるとき、そこでしていたのも、黙想そのものです。ここまで述べてきたところで見えてきている特質を持つ説教は、深く広い、聖書的、神学的、牧会的な黙想から生まれてきたのです。

ところで、ここで少し論点を変えます。このような書物を、私が書くに至ったのはなぜでしょうか。本書の叙述の最後に、その経緯を改めて記してみたいと思います。

出発点は、今日の日本のプロテスタント教会の伝道の停滞です。そのことを、ここで縷々詳細を語る必要はありません。至るところで、われわれが体験している現実であり、深い嘆息とともに認めているところです。特に礼拝を重んじ、説教を重んじている教会は、例外はあるかもしれませんが、ほとんどが、いわゆる教勢は衰えるか現状維持です。特に洗礼にまで導かれる者の数が微々たるものとなっています。この伝道不振には、いろいろな原因、理由を挙げることができます。しかし、とにかく、説教の言葉が力を発揮していないからではないか、という真剣な問いがあります。

説教を聴く者たちからも、現在の説教者たちは、よく聖書を勉強し、聖書の言葉の解釈、説明をしてくれるが、自分たちのこころに訴えかけるものが少ないという批判の言葉を聞きます。嘆きがあります。序章で紹介しましたように、竹森牧師が東京神学大学学長であったとき、学生たちの説教を批評して、よく勉強した説教をするが、アッピールが足りない、と言ったことを思い出します。多くの説教者の言葉がアッピールしないのです。現代を生きるキリスト者たちに訴えかけないのです。まだ洗礼を受けていない隣人に、今生きておられる主イエスをご紹介できていないのです。

ところで今日の説教者たちの多くが、連続講解説教をします。この傾向は教派の区別を超えて広く見られるものです。もう二〇年近くも前でしょうか、東北のある都市で、さまざまな教派の説教者たちの説教の勉強会をしました。二〇名を超える出席者に尋ねると、ほとんどの説教者が、連続講解説教をしておりました。なぜですか、と更に私は尋ねました。しばらく答えはありませんでしたが、やっと、ある福音派の教会の牧師が、こう答えました。「連続で聖書を説き続けているから、次の日曜日に何を説教したらいいか、自然に決めていかれるのであって、それがなかったら、自分が何を説いたらいいか、わからなくなります」。他の人びとも、ほぼ同意しました。一理あることです。しかし、われわれ伝道者の先輩たちは、いつも語りたい福音を伝える熱い思いと言葉が溢れていて、日曜日だけではなく、折あるごとに語りたい言葉をたくさん持っていたのではないでしょうか。連続講解説教という枠がはめられていたら、かえって困惑したのではないでしょうか。私はそう思いました。

併せてこんなことも考えてみてください。今は伝道に勢いがないと言いましても、これまでの伝道者、信徒たちの献身的な働きによって、伝道困難な日本の地にも教会が生まれてきました。礼拝をする群れが各所で、一所懸命励んでいます。かつては、礼拝と言いましても、とても素朴、簡素なプログラムの集会が行われ、そこで素朴に福音が説かれていました。しかし、宣教一五〇年の歴史を経て、さまざまな反省、検討、改善が行われ、今日では、多くの教会の礼拝も改善が加えられ、礼拝儀式としてきちんと整えられてきました。かなり複雑になってきました。日本のキリスト者は、日曜日を聖日と呼び、この日の礼拝に出席することを聖なる義務と心得てきました。たとえ、その日の説教が自分を生かす力を発揮することがなかったとしても我慢して拝聴する修練ができています。説教は説教で、だんだん儀式的になってきた礼拝の枠内で、儀式的な言葉として、きちんと整えられた言葉を語れば、それでよしとする傾向を生んできたのではないか、と思います。そのためには連続講解説教がふさわしいと感じるようになってきたのではないでしょうか。近頃では、昔はなかったことですが、教会暦を取り入れる教会も出てきました。日本基督教団でも教会暦を定め、それに対応した礼拝説教のテキストを定めるようになりました。強制されるわけではありません。まだ比較的少数の教会のようですが、それを用いる教会もあります。これらの歩みは、歴史的な必然でもあるでしょうが、教勢の停滞が、それと関連しているのではないか、と問われているのです。

いずれにしても、このような自己批判、反省から、今私の周囲に起こっている問いは、講解説教を問い直すものです。連続講解説教をしているから、一見安定した集会をしているが、それがかえって伝道の停滞状況を生んでいるのではないか、問い直そうとしています。そして、この講解説教をするようになったひとつの源泉は竹森満佐一の説教にあるのではないか、と問います。戦後何年かを経て、連続講解説教を始めた人たちは、他にもいます。いずれもカルヴァンの伝統を自覚的に継承しようとした牧師たちです。しかし、そのなかで、最も影響力があったのが竹森満佐一だと考えられています。私の親しい説教者のなかには、竹森満佐一の説教そのものが既に難解であり、退屈であった、という批判まで口にするひとたちがありました。そこで、私は、いろいろな機会を捉え、そんなことはない、と反論してきました。そこで、それでは、実際に竹森牧師の説教を一緒に読んで味わってみようということになりました。神学生と一緒に読み直すセミナーをしました。それには牧師有志も参加しました。更には三日間合宿をして、竹森満佐一の説教を丁寧に読み続けました。だんだん意見を変える人びとも出てきました。本書は、そのようなところから生まれた学びの総括報告のようなものと言えます。

繰り返して言いますが、私は、竹森牧師の説教によって、信仰のいのちを新しくされる体験をした者なのです。この説教者の説教をいつも福音聴聞の溢れる喜びをもって聴いたのです。その喜びを分かち合いたい思いで、その説教を聴き直し、読み直し、学んできたのです。そして、このいのち溢れる説教の血を受け継ぎたいと願ってきました。そして自分も説教者として生きてきました。基本的に間違っていなかったと思っています。そこで、改めて、この説教の特質を明らかにしてみたいと願ったのです。むしろ、この説教者の歩みを、われわれなりに継承すれば、伝道の停滞を打ち破れると思っています。その思いを少しでもわかっていただければ、この書物を書いた私の務めは終わります。

その上で、最後に、蛇足になるかもしれないと危惧しつつ、こころに残るひとつの問いを記しておきます。今、説教を学ぶ仲間と竹森満佐一の説教を読むと、すぐにこころを躍らせて喜ぶひともおりますが、すぐには理解できないひとも多いのです。ある高齢の牧師は、自分は今までよく理解できなかったが、行き届いた解説を聴いて、初めて、その良さがわかり、改めて感動したと言いました。吉祥寺教会の当時の礼拝参加者が老いも若きもこころを躍らせて聴いたような感動を、今は、あまり共有できないのです。それはなぜなのでしょうか。解説があって初めて、その良さがわかる説教などというのは、それ自体、おかしなこととも言えるかもしれません。

ひとつには明らかに説教を聴き、読む者の理解する力に不足するものがあると思います。説教の言葉の意味を正確に聴き取り、その言葉の含蓄する豊かさを味わい、更には、そのような言葉が生まれる泉まで突き止める力に不足しているのです。知識、経験、洞察力が不足しているのです。あるいは、これを受け止めるいきいきとした信仰の感覚が鈍いのかもしれません。

あるいは、時代の差があるかもしれません。竹森牧師が最もいきいきと活躍したのは、敗戦後ほぼ三〇年余りです。今から四〇年ぐらい前までのことです。その説教は現代のものではなく、むしろ古典に属するものとして、理解し、解釈されなければならないのかもしれません。説教者だけではなく、説教の良い聞き手が育つ必要があるのかもしれません。

しかし、こういう問題もあると思います。私は、竹森牧師の元を去り、自分自身が伝道者となりました。説教者となりました。私は、最初から講解説教をしました。自分なりの理解での講解説教です。しかも、ひとつの聖書テキストを連続して説きました。やがて、自分の説教集を出版するようになりました。そのひとつの書評を、ある神学者が書きました。そのひとは、加藤は、竹森牧師の元で育ったにもかかわらず、「開き直って」説教のなかで自分のことを語っている、と書きました。竹森満佐一は説教のなかで自分を語ることを許さなかった。それは神の栄光を損なうからである。そのひとは、そう理解しているのです。あるひとが〈いわゆる竹森流〉の説教スタイルがあると言ったことがあります。その流儀では、説教のなかで自分のことを語ることを絶対に許さないようです。更には、およそ人間臭いことを語ることをも許しません。説教はただ忠実に、聖書の言葉を説き明かしていたらよいと言うのです。神のことを語ればよいのです。確かにそのような説教流儀があり、それに忠実に従っているように思われる説教があります。連続講解説教の形を取っていればよい、とする理解、説教の流儀があります。特に日本基督教会の流れを汲む教会に、「ただ神の栄光を」というカルヴァン主義的伝統とは、そういうものだと考えるひとが、信徒のなかにさえおります。そして、そのような流儀が竹森満佐一に結びつくと考えるのです。それを批判的に指摘するひともおりますが、むしろ、それが正しいとするひともあるのです。

そこで、こんなことを考えてください。竹森牧師の説教の方法は生涯を貫いて変わらなかったわけではありません。大きな変化は、私が吉祥寺教会を去った後のことです。一九八三年に刊行された『講解説教　ペテロの第一の手紙』は、一九七五年頃に語られた説教の記録です。その「あとがき」によると、この頃すでに、最初から完全原稿を書くようになり、数回だけメモを用いて語ったとあります。その頃、竹森牧師は私に、自分は最近、完全原稿を書くようになったよ、とわざわざ告げてくれました。理由は、トヨ夫人から注意を受けたからだというのです。近頃は、年を取ったからか、説教のなかで同じ話を繰り返すというのです。そこで自己点検のために原稿を書くようになったというのです。私が聴いていた頃には、いつも簡潔なメモだけを用いて語りました。植村正久以来の伝統でもあったようです。そのため、かなり自由な語り口でした。準備はしていたでしょうが、即興で、そのとき浮かぶ言葉で語る面もあったと思います。メモを用いたときの説教は「語り言葉」であり、原稿による説教とは「様子」が違ったと、自分で認めております。つまり、私が聴いていた頃は、もっと自由でいきいきとしていたのです。準備はしていたでしょうが、説教をしている間に与えられてくる言葉で語っていたのです。

一九八七年、『講解説教　コリント人への第一の手紙』の「あとがき」を書いています。そこで、改めて、自分が講解説教をするようになったのは、五〇年前、カルヴァンの説教を訳したことによる、と記しています。そして、今度、またカルヴァンの説教を読み直してみたが、説教の内容が、教理的、信仰告白的であるが、カルヴァンは聖書本文の区切り方も自由であり、内容も必ずしも聖書の言葉にとらわれていない、と指摘しています。それに対して、自分は、もっと講解的であろうとしている、と言います。それは「あえていえば、自分の型ができたのか、と思います」と書いています。この文章を書いたのは、ほぼ八〇歳であったと考えられます。そうすると、厳密なことは言えませんが、ほぼ七〇歳になる頃から、完全原稿で語るようになり、それからの七〇歳代の年月の間に、連続講解説教の型ができ上がったようです。説教者によっては、もう引退しているかもしれない高齢の頃に、ようやく自分の説教の完成を見る思いがしているのです。

一九八八年、『講解説教　エペソ人への手紙』の「あとがき」では、八七年から八八年の説教を収めていると言い、改めて完全原稿を用いるようになった理由として、カール・バルトが、説教が済んだら、そのまま、その原稿を出版社に回すことができるようにすべきだと言ったということを挙げています。面白いことに、しかし、竹森は、バルト自身が晩年のバーゼル刑務所の説教でも、要点を書いた原稿だけで説教をし、その速記に手を入れて印刷に付したと追記しています。

私が聴いていた頃の説教は、その頃の聴き手であった者たちのノート、メモのような形では残っているものがあるでしょうが、もちろん出版されるようなものではありません。ですから、一般には、説教集として刊行されたものを読む以外に、竹森満佐一の説教を知るすべはありません。その説教集は、しかし、本書で主として取り上げた最初の二冊と、それ以降のものとでは、性質が全く違います。後者は、完全原稿に基づくものです。前者は、メモだけで礼拝で語られた言葉を後から記録したものです。

私がまだ牛込払方町教会の牧師であったときです。こんなことがありました。東京神学大学で、竹森教授とお茶を飲んでいたときです。私は、当時の教会で、毎月一回、主日礼拝の後で、お茶の会というのをしておりました。それは礼拝後、出席者をグループに分け、お茶を飲みながら話し合いをさせることでした。話題はその日の説教です。話し合いは、概して活発でした。私は聴き手の積極的な参加を喜び、その報告をしたのです。ところが竹森教授の反応は、どちらかというと冷ややかなものでした。説教の務めは、礼拝を祝福をもって終わったら、それとともに終わっている。礼拝が終わってから改めて論じるようなものではないということでした。なるほど、と思いました。私は、それでも、礼拝後、今聴いた説教について語り得るとは思いましたが。

そこではっきり語られたことは、説教とは、その日、説教者が語り、会衆が聴いて、説教が神の言葉として聴かれることが起こったら、それで完結するというのです。神の言葉の出来事が起こったのです。そこで三位一体の神のご臨在を教会共同体として深く経験し、賛美を献げることができれば、それでおしまいです。植村正久を父とした女性牧師、植村環は、説教は、礼拝の場で聴くべきものであり、印刷しておおやけにするようなものではないとし、自分の教会の長老会が出版した、自分の説教集の「あとがき」に、自分は依然として、説教集刊行に反対だと書いたことがあります。よく似た説教理解、礼拝理解です。説教とは、本来、それが語られた礼拝の出来事と深く結びつきます。その時限りの即興性の強いものです。説教そのものが、その時限りの出来事なのです。

実際になされた説教、その日の礼拝における神の言葉の出来事に仕えた説教を、後から聴き直したり、読んだりすることは、いわば礼拝を追体験するのです。それが最大限にできたとき、説教を、最もよく理解したことになります。その時の説教は、あくまでも、その日の礼拝のためのものです。その場限り、その時だけの、一回の出来事です。そのような説教を、あらかじめ完全原稿を書いて準備できるのでしょうか。しかも、その原稿を、そのまま出版社に渡すことができるようにするというのです。最初から、今度の礼拝に来てくれる人びとを意識しているでしょうが、その人びとに、その日に、一回限りの言葉を語ることによって起こる、神の言葉の出来事に備えたものでなくなってしまっています。神の言葉として与えられる聖書テキストも、一回限りに与えられるものではなく、一定の聖書テキストを連続して読むことによって安定してしまいますが、思いがけない出会いが起こることは少なくなります。

〈いわゆる竹森流〉は、このようにして、竹森牧師に淵源を持つものとなったのではないでしょうか。私は、そんな風に思っております。

先に記しましたが、私の妻さゆりは、敗戦の年、クリスマスに受洗しました。そして一〇年間、竹森牧師の説教を聴き続けました。そのことによって伝道者として立ち得ました。自分が聴いていた頃の竹森牧師の説教は〈黄金時代〉であったと、よく言いました。最もいきいきとした、生気溢れる言葉を聴き続けたのです。本書では、幸いにして、その〈黄金時代〉の説教を味わうことができたのです。

あとがき

一昨年、二〇一四年春、妻の介護をしながら、東京神学大学学生有志と説教を学んできた。その最後の説教として、竹森満佐一牧師の説教を学びました。人生の終わりに近く、遺言のように竹森説教論を語りたかったのです。熱い学びとなりました。

そのあとでした。私が説教者の同志と共に学んでいる東京説教塾の集会で講演をした実践神学者が、どのような関連であったか、竹森先生の説教は退屈であると発言しました。少々気になりました。あとで、どのように退屈であるのか、明らかにしてほしい、と言いました。そうですね、という返事でしたが、そのままになっています。

また同じ頃、説教塾に属する説教者で、説教学の研鑽を積んでいる、ある牧師が、同じように竹森牧師の説教は面白くない、と批判的な発言をしました。こういう発言が続いたので、思い立って名古屋で、三日間のセミナーを開催、竹森牧師の説教を数編読み、分析、批判しました。活発な討論となりました。終了後、その牧師は、もう二度と竹森説教は退屈などとは言いません、と楽しそうに明言してくれました。

また、竹森牧師の説教は、退屈どころか、とても興味深いものであり、むしろその急所を学ぶことが肝要だと信じ、竹森満佐一の説教を真似して説教を作成することを課題とするセミナーを開催したこともあります。なかなか難しい作業になりましたが、興味深い学びをすることができました。

本書もまた、そのように弛まず続けている竹森満佐一説教の研究のひとつの試みです。学びの輪をもっと大きく広げたいのです。何とかして、このすぐれた福音の語り手から、学ぶべきものを学び尽くしたいと思っています。これこそが、今のわれわれにとって緊急の課題のひとつであると信じているからです。ここに、多くのひとが痛感している、日本伝道の窮境を突破する道のひとつがあると確信しています。

本書のなかでも言及しておりますが、竹森牧師が、使徒パウロがローマの信徒への手紙を説いたとき、ただ教理を説いたというようなものではなく、自分自身の信仰をぶっつけるように書いたのだ、と語っています。深い感銘を受けています。竹森牧師の説教そのものもまた、同じように、全存在を賭けて言葉を語り出していると思います。私どもの説教もまた本来そういうものであるはずだと信じています。そこで、本書の題名にも、その表現を用いて『竹森満佐一の説教――信仰をぶつける言葉』としたいと思いました。

なおお断りをしておきたいと思いますが、本書には、竹森牧師の説教集から書き移した文章と、竹森牧師の説教の録音から、われわれの仲間の牧師が筆写したものとが混在しております。本来ならば、両者の間に文章表記、漢字の用い方などに違いがない方が望ましいと思います。しかし、少々複雑な作業になりますので、今回は、それを省略させていただきました。そのようにしても、説教を味わうのに、それほど大きな障害にはなるまいと考えたからです。ご了承いただきたいと思います。

また、本書でも推奨しております、竹森牧師の代表的説教集『わが主よ、わが神よ――イエス伝講解説教集』が、教文館のご配慮で復刊され、購入できるようになりました。ぜひご利用ください。

今回の出版に際しても、教文館、特に出版部の高木誠一さんにお世話になりました。お礼を申し上げます。また共に竹森説教を学び続けてくれた説教塾の仲間、学生説教塾の方たちにもお礼を申し上げます。

本書を読んでくださる方たちに、神のみ言葉を、優れた説教者の言葉を通じて聴く喜びが溢れますように！

二〇一六年夏　妻さゆりが地上を去った二年目の記念の日に

国分寺戸倉の地で

加藤常昭

《著者紹介》

加藤常昭（かとう・つねあき）

1929年，ハルピンに生まれる。東京大学文学部哲学科卒業，東京神学大学大学院修士課程修了。1986年まで東京神学大学教授（実践神学）。1986／87年，ハイデルベルク大学客員教授。1995／97年，国際説教学会会長。1997年まで日本基督教団鎌倉雪ノ下教会牧師。現在，説教塾主宰，日本基督教団隠退教師。

著書　『聖書の読み方』，『祈りへの道』，『ヴァイツゼッカー』，『ハイデルベルク信仰問答講話』，『説教論』，『教会生活の手引き』，『改訂新版　雪ノ下カテキズム』，『加藤常昭信仰講話』（全7巻），『愛の手紙・説教』，『加藤常昭説教全集』（全30巻），『出来事の言葉・説教』ほか。

訳書　E.トゥルンアイゼン『牧会学』，R.ボーレン『説教学』『神が美しくなられるために』『預言者・牧会者　エードゥアルト・トゥルンアイゼン』，R. v.ヴァイツゼッカー『想起と和解』『良心は立ち上がる』，Chr.メラー『慰めの共同体・教会』『慰めのほとりの教会』『魂への配慮の歴史』（全12巻），F. G.イミンク『信仰論』，『説教黙想集成』（全3巻）など多数。

竹森満佐一の説教――信仰をぶつける言葉

2016年11月30日　初版発行

著　者　加藤常昭
発行者　渡部　満
発行所　株式会社　教文館
〒104-0061 東京都中央区銀座4-5-1 電話 03(3561)5549 FAX 03(5250)5107
URL　http://www.kyobunkwan.co.jp/publishing/

印刷所　モリモト印刷株式会社

配給元　日キ販　〒162-0814　東京都新宿区新小川町9-1
電話 03(3260)5670　FAX 03(3260)5637

ISBN978-4-7642-6122-8

Printed in Japan